研究生创新论坛论文集

枫林学苑

XXIV

许秀锋　司惠文　主编

同濟大學出版社
TONGJI UNIVERSITY PRESS
·上海·

图书在版编目(CIP)数据

枫林学苑. XXIV, 研究生创新论坛论文集 / 许秀峰, 司惠文主编. --上海: 同济大学出版社, 2025. 7.

ISBN 978-7-5765-1684-5

I. Z427.6

中国国家版本馆CIP数据核字第2025RK2536号

枫林学苑XXIV——研究生创新论坛论文集

FENGLIN XUEYUAN XXIV——YANJIUSHENG CHUANGXIN LUNTAN LUNWENJI

许秀锋　司惠文　**主编**

责任编辑　熊磊丽　　**责任校对**　徐逢乔　　**封面设计**　陈益平

出版发行　同济大学出版社　www.tongjipress.com.cn

（地址：上海市四平路1239号　邮编：200092　电话：021-65985622）

经　　销　全国各地新华书店

排　　版　北京华艺世纪缘科技发展有限公司

印　　刷　上海擎丰数码科技有限公司

开　　本　787mm×1092mm　1/16

印　　张　13.5

字　　数　221 000

版　　次　2025年7月第1版

印　　次　2025年7月第1次印刷

书　　号　ISBN 978-7-5765-1684-5

定　　价　70.00 元

编 委 会

主　编： 许秀锋　司惠文

副主编： 李杨帆　施卫国　郭　婧

编　委： 陈蕾静　蔡艳丽　沈　骑　李　鹏

扈龑喆　张永明　赵伟豪　孙　凯

前 言

研究生教育是高等教育体系的重要组成部分，肩负着培养高层次创新型人才的使命。党的二十大报告明确指出“加快建设中国特色、世界一流的大学和优势学科”，对研究生培养质量提出了更高要求。作为高校科研创新的生力军，研究生群体既需要扎实的学术训练，更需在开放交流中激发创新思维。《枫林学苑》论文集正是顺应这一时代需求，为上海高校研究生搭建的学术交流平台，其连续24年的出版历程，见证了一代代青年学人的成长轨迹。

《枫林学苑XXIV——研究生创新论坛论文集》自2024年1月启动，面向广大研究生开展征稿，历时11个月共收到十余个学科的学术论文。承袭历届严谨求实的学术传统，编委会组织了由各学科领域资深专家组成的评审委员会严格把关，通过匿名评审、多轮遴选等程序，最终选出并收录13篇具有创新价值和学术深度的优秀论文。这些成果或聚焦学科前沿理论，或突破传统研究范式，既彰显了大数据等学科的引领地位，又展现人文社科领域的新锐活力。

本论文集的顺利出版凝聚着众多师生的智慧与心血。特别感谢评审专家以渊博学识确保学术品质，感谢投稿作者以创新思维贡献学术成果，感谢编委会成员以专业精神完成编辑工作。由于时间紧迫及编者水平有限，书中难免存在疏漏之处，恳请学界同仁不吝指正。

“同心同德同舟楫，济人济事济天下”。值此第24辑付梓之际，我们期待《枫林学苑》继续发挥学术纽带作用，激励更多青年学子在知识瀚海中勇立潮头。愿这片枫林永远焕发创新活力，以智慧之叶装点中国学术的参天大树。

《枫林学苑XXIV》编委会

2024年12月

目　录

数字建模研究

文海纵横

思想教育研究

中国式网络意识形态领导权建设的三维探析

李博然

摘　要：互联网重塑了人类的交往行为和生活方式，为传统意识形态工作开辟了全新的实践场域。中国式网络意识形态领导权的建构蕴含着理论认知、现实挑战与实践路径三个维度的独特价值意蕴。牢牢掌握网络意识形态领导权，有利于巩固执政基础、增强文化自信、牢固统一思想、传播中国声音。当前我国网络意识形态工作面临着来自信息传播、舆论引导、话语之争、思潮冲击、文化渗透等方面的巨大压力，可以从思想引领、依法治网、传播优化、凝聚共识等视角出发，探索中国式网络意识形态领导权建构的实践方略。

关键词：意识形态；领导权；社会思潮；网络空间；网络治理

随着信息技术的快速发展，网络正在逐渐改变人们认识世界的思维方式和改造世界的实践行为。网络意识形态是传统意识形态在虚拟空间中的观念复现，在互联网场域进行的意识形态斗争是现实世界中各国家主体进行政治角力的延伸。一方面，由于网络空间中新兴话语主体的崛起，我国旧有的舆论传播格局被深刻重塑；另一方面，在西方国家推行网络文化霸权和单边主义的现实环境下，国际互联网充斥着淫秽色情、暴力恐怖、信息诈骗等不良信息。同时，由于各国家和地区之间存在着“信息鸿沟”，西方国家依仗其网

作者简介：李博然，男，河南郑州人，同济大学马克思主义学院2023级博士研究生，主要研究方向为马克思主义基本原理。

络技术优势，试图独占国际互联网议程设定、规则制定、资源协定等各方面权力，现有的网络空间治理规则难以充分反映各国的意愿和利益。有鉴于此，习近平总书记以政治家的非凡视野，高屋建瓴地指出“网络已是当前意识形态斗争的最前沿”[1]，必须“牢牢掌握意识形态工作领导权”[2]，走出一条鲜明区别于西方国家网络治理模式的发展新路。那么何为中国式网络意识形态领导权呢？中国式网络意识形态领导权是指在中国特色社会主义制度的总体框架下，以马克思主义为根本指导、以中国共产党为领导核心、以制度创新与技术赋能相结合为治理手段，在网络空间中增强主流价值引领、维护国家意识形态安全的新型治理范式。

相比于西方资本主义国家的网络治理模式，中国式网络意识形态领导权的概念具有三重特性：第一，在治理主体上坚持党的绝对领导，形成“党的领导、政府管理、企业履责、社会监督、网民自律”的协同治理机制；第二，在价值导向上贯彻“以人民为中心”的理念，不断加强和改进网络内容建设，为亿万网民打造风气清朗的“精神家园”；第三，在建设目标上，中国式网络意识形态领导权的治理实践最终要迈向全球“网络空间命运共同体”。近年来，中国积极参与互联网国际规则制定工作，成功举办多届世界互联网大会，提出了全球互联网治理的“四项原则”和“五点主张”[3]，倡导世界各国尊重彼此网络主权，促进网络公平正义。同时这一概念的提出具有三重必要性：第一，紧跟数字时代意识形态斗争的新形势；第二，彰显中国特色社会主义制度的优势；第三，为全球网络治理提供新范本。由此，掌握中国式网络意识形态领导权，强化网络空间治理，在中国式现代化的实践场域中积极推进新时代网信工作，理应成为我们捍卫思想阵地、强化舆论引导、维护国家安全的必要举措，同时也能充分体现社会主义意识形态的凝聚力和中国式网络治理模式的世界意义。

1 认识之维：中国式网络意识形态领导权建设的理论探源

理解和认识网络意识形态领导权，可以从概念意涵、建构逻辑、主要特征三个方面进行总体性把握。

1.1 网络意识形态领导权的概念意涵

中国式网络意识形态领导权是现实语境下意识形态领导权的理论外延，集中表现为无产阶级政党在网络空间中建构社会主义意识形态“认同—接纳”的实践过程，是意识形态领导权理论与时俱进的当代体现。

“中国式网络意识形态领导权”，是在互联网、大数据、人工智能等新兴技术迅猛发展的今天，在新闻舆论环境、信息传播秩序、媒体宣传格局发生深刻变化的新形势下，党和国家基于数字社会发展的新动向和新特点，对健全互联网综合治理和维护良好网络生态进行的系统性、全局性把握，集中体现为习近平总书记对于网络安全和信息化工作以及党的宣传思想工作提出的一系列重要指示。从“中国式网络意识形态领导权”的概念内涵来看，其主要是以社会主义意识形态引领网络思潮，不断培育积极健康、求真向善的健康网络文化，积极弘扬主旋律，传播正能量，利用网络平台不断壮大主流思想舆论，实现党对网络主流媒体、网络大众自媒体、网民等信息传播主客体以及传播过程的监管和领导，掌握网络意识形态领导权是党的意识形态工作中极为重要的部分。

1.2 网络意识形态领导权的建构逻辑

第一，中国式网络意识形态领导权建构的领导基础是中国共产党对网络空间的全面领导。这种全面领导是其政治领导权、经济领导权和思想领导权的集中统一和自然延伸。从作用对象上看，网络意识形态是意识形态在虚拟的网络场域中的延伸和展开，故网络意识形态领导权与党对传统意识形态工作的领导权一样，都早已内蕴于党的全面领导的范畴中。从概念演进的角度说，“领导”建立在“管理”的基础上，对网络意识形态阵地的管理已证明了建立系统性、整体性的多要素联动机制的必要性。进一步夯实网络空间管理成果势必要求坚持中国共产党对网络空间的全面领导。

第二，中国式网络意识形态领导权建构的内容基础是社会主义意识形态。网络空间跨越了时间和空间的阻隔，将主体原本外显的国别、地区、民族等“标签化”特质隐匿，给众多思想观念的交互和传播提供了便利条件，同时也为管理者对于网络意识形态工作的领导和监督带来了现实挑战。网络空间是各类思潮纷纭激荡的虚拟战场，主流意识形态需要在内容供给侧塑造更具吸引力的社会主义意识形态，在与多元社会思潮的博弈中宣传正面舆论，争取中性舆论、批驳反面舆论。中国式网络意识形态领导权建构的内容基础具有与时俱进、不断革新的理论特质，能够结合网络话语传播的新特点生成具有亲和力的内容输出形态。

第三，中国式网络意识形态领导权建构的共识基础是网民受众对于社会主义意识形态的广泛认同。在虚拟空间中，获得广大网民的思想认同、使受众接纳和外化社会主义核心价值观既是网络意识形态领导权建构的目标，同时也是中国式网络意识形态领导权建构的共识基础。任何一种具有吸引力、影响力、生命力的思想都是在主客体的互动关系中得以凝聚共识和广泛传播的。在虚拟场域中确立主流意识形态的权威性，其首要条件即是要得到网络受众的认同与支持，并利用其在虚拟空间中的真实意见表达带动新一轮的主流意识形态传播，最终形成网络意识形态领导权强有力的共识基础。

第四，中国式网络意识形态领导权建构的动力基础是社会主义意识形态与其他各类错误思潮的博弈和斗争。网络意识形态阵地因其受众的有限性存在思想观念和价值体系上的排他性，主流意识形态要在反复斗争中逐渐形成竞争意识，在开放的网络空间中最大程度地争取受众，并提前抢占虚拟空间中话语体系和媒体平台的制高点。以此才能在国内外各类思潮“千帆竞发，百舸争流”的庞大竞争压力下，将意识形态斗争的巨大压力转化为领导网络意识形态工作的巨大动力。

1.3 网络意识形态领导权的主要特征

第一，虚拟性与现实性相融合。网络空间是虚拟社会与现实社会之间互联互通的桥梁，其既具有网络空间的虚拟特性，也兼具现实社会的物理特性。网络空间的基本组成单位——网民，同时具有现实身份和虚拟身份，能够将其在现实社会中的利益诉求和情感认知不自觉地带入网络社会的交往体系。同时，网络空间的社会交往活动以现实世界的社会交往活动为依托，网络社会中信息的传播主体、传导媒介和受众客体都是现实世界中客观物象的虚拟化。网络空间的社会交往活动是无形之物作用和影响于真实世界的动态发展过程。

第二，主权性与输出性相耦合。中国式网络意识形态领导权的核心要求是保卫社会主义意识形态的思想领导权。在网络空间中，对于本民族文化独立主权的保护和对于西方文化霸权与错误思潮的逐斥是相统一的。既要强调体现国家和民族特性的国家文化主权，更要旗帜鲜明地反对西方国家利用其技术优势渗透和威胁我国文化主权的行为。同时，网络空间还是对外进行文化输出的重要渠道，互联网能使虚拟空间中不同意识形态主体间平等交流。社会主义意识形态的文化输出是正义的、平等的、共享的，鲜明区别于资本主义意识形态宣扬的文化霸权，“网络空间命运共同体”正是中国式网络意识形态领导权主权性与输出性相耦合的生动诠释。

第三，开放性与难控性相结合。网络空间没有明确意义上的物理边界，人与人、人与物、生命与自然、真实与虚像之间的界限逐渐被消弭，互联网中人类共同的价值理念是开放、自由与包容。网络空间开放性的特征同时也导致了其难控性特征的生成。网络空间并非传统意义上的公共领域，其开放性和去中心化的技术特征使得每个人既是参与者，也是建设者，网络空间的话语权和领导权也并非一定由统治阶级所掌控，这种舆论场的权威失范效应给网络意识形态领导权的建构带来了极大的挑战。网络空间不是法外之地，中国式网络意识形态领导权是在科学把握网络意识形态开放性与难控性的基础上生成的。

第四，技术性与情感性相调和。网络意识形态领导权具有鲜明的技术性特质，其底层建构需要依托大数据、人工智能、移动通信等技术构成的网络生态。同时，网络空间中主体进行思考、互动、实践的行为过程都蕴含了技术化倾向，这种思维模式嵌套于虚拟和现实之间，产生了社会整体向技术化和数智化发展的转型心态。人们愈加习惯将网络工具和技术手段应用于现实生活情景，网民的“技术化”倾向本身作为一种社会意识形态，在网络意识形态领导权的掌控中起到一定的导向作用。同时，网络意识形态也体现着人类理性思维的感性表达形式，人们对于真、善、美的价值判断和永恒的人文追求都给网络意识形态打下了“属人的”情感烙印，这使得网络意识形态领导权始终表现为技术性与情感性相调和的存在状态。

2 挑战之维：中国式网络意识形态领导权建设的现实困境

中国式网络意识形态领导权的建构面临着多重挑战。从客观环境来看，网络谣言泛滥、多元主体博弈、社会思潮激荡以及境外势力渗透等因素，构成了复杂的网络意识形态生态；从主流意识形态而言，这些因素在认知层面、传播机制和治理效能等维度，对党的网络意识形态领导工作形成了系统性挑战。这种主客观条件的交互作用，使得网络意识形态领域的领导权建构呈现出前所未有的复杂性和艰巨性。

2.1 谣言信息传播之快

在虚拟化的网络空间中，谣言的传播不再局限于传统社会中“口口相传”的固有模式，其生成、传播的效率和辐射的范围呈现指数级的增长。从网络谣言的生成来看，在社会热点事件出现后，造谣者往往出于商业利益或情绪宣泄的动机，刻意将热点议题扩大化、简单问题复杂化、一般问题政治化，从而带动舆论趋势、影响民众心理，甚至是左右现实事件的后续走向。从网络谣言的传播来看，传谣者秉持跟风、猎奇、娱乐等大众心理，通过流瀑效应和群体极化效应有意或无意地助推了谣言的传播。[4] 同时，借助实时互通的移动通信技术，网络谣言利用社交平台和通信软件作为传播“中转站”，习近平总书记曾用“信息发布跟不上，真理还在穿鞋、谣言已经跑遍天下”[5] 形象地比喻了网络时代谣言传播的速度之快。由于社会心理、信息不对称和权威信息缺位等原因，那些越是模糊的，越是被掩盖的“信息”反而越容易激发人们的想象。网民通过猜测或者假想，在解构“真相”的过程中会再次重复谣言的“生成—传播”过程，掀起新一轮的舆论狂潮。

2.2 思想舆论引导之难

互联网已经成为舆论斗争的主战场。网络空间的多元、开放、自由的特性为负面消息的传播提供了虚拟化场域，给网络安全部门的有效监管带来了巨大挑战，首先体现为政府对于信息传播源头和信息传播过程的监管失灵。网络空间中信息交流缺乏使用者真实身份的背书，互联网中的交往行为大多基于隐匿化的身份标识，政府难以通过技术手段追踪到信息源的初始发布者，网络信息的真实性也就无从考证。其次，传统的报刊、电视、广播等媒介都遵守固定的新闻采编流程和信息发布规则，对尚未发布的信息进行筛选，从而便于管理部门准确把控信息传播源头，有效遏制错误思潮和不良倾向言论的传播。但网络空间中的媒体平台普遍作为一种交互式的“共有媒介”而出场，虽然在媒体平台内部也存在智能化的内容监管和信息过滤系统，但其往往出于商业利益，将关注率、点击率等关键绩效指标放在首位，从而忽视了对于舆论的监管。最后，网络空间中“言论自由”的边界存在模糊性，政府难以通过司法手段对网络信息进行有效规制。

2.3 主体话语权力之争

首先，在网络时代，信息成为一种新的生产要素，引发了权力的再分配，网络空间中自由与开放的技术特性隐含了“去中心化”的主体权力关系，作为虚拟公共领域的互联网，传统主流媒体在旧有的新闻舆论界中树立的权威性被逐渐消解，信息的传播越发呈现分散化、碎片化、多中心化的表征，不同的网络主体拥有各自不同的利益诉求和思想倾向。其次，由于互联网的话语体系是立体化的而非线性的结构，民众可以自由公开地阅读新闻、搜索信息、表达意见，不必局限于以往主流信息单向度的输入模式，“‘意见的自由市场’成为现实，互联网消解了信息中心，颠覆了主流意识形态的核心地位”[6]，网络的“去中心化”特质颠覆了主流媒体营造的信息传播系统，情绪化的表达遮蔽了理性化的思考，引发网民认知层面的意义危机。最后，网络空间中传播主体的身份多元化重塑了信息分配的要素占有格局，进一步加剧了网络意识形态工作中主体话语权力的争夺，网络信息资源的占有和分配逐渐向平民化、大众化的方向迭代，引领思潮也不再是传统主流媒体的专属权力，而是演变成为多元主体在虚拟空间争夺话语权的工具。

2.4 多元思潮冲击之忧

近年来，以新自由主义、泛娱乐主义、历史虚无主义为代表的西方错误思潮在我国沉渣泛起、流毒甚广，企图借助虚拟化的网络空间提升影响，扩大受众。举例而言，新自由主义过分强调人的主体性，其本质上是一种狭隘的极端个人主义。新自由主义思潮塑造了西方的价值文化陷阱，把西方发达国家的资本主义现代化模式奉为圭臬，隐含了对于社会主义发展道路的否定倾向。新自由主义思潮鼓吹无边界的自由放纵，将个人利益凌驾于公共利益之上。泛娱乐主义思潮基于西方自我赋权观念，突出广义娱乐活动的日常化和生活化，以感性化、媚俗化、煽动化的泛娱乐文化景观刺激人的感官欲望，使受众长久地沉湎于泛娱乐主义建构的虚拟乐园之中，把对外部事物的理性思考转化为动物本能的感性愉悦，通过碎片化、图像化的叙事方式迎合快节奏的社会生活，引发了社会主流价值和道德共识的虚无化。历史虚无主义思潮将互联网作为其从显性向柔性化叙事转换的契机，通过新兴网络媒体编纂和传播历史碎片，打着“解读真相”“重构历史”的旗号对重要历史人物和历史事件进行丑化和歪曲，严重影响了网民的客观历史认知。以上几种极具代表性的错误思潮在网络领域交相呼应、朋比为奸，吸引了大量拥趸，瓦解了社会主义意识形态的凝聚力，阻碍了中国式网络意识形态领导权的建构。

3 路径之维：中国式网络意识形态领导权建设的实践向度

互联网是亿万网民共同生活的精神家园，面对中国式网络意识形态领导权建构的众多现实挑战，要“因势而谋、应势而动、顺势而为”[7]，积极探索维护网络意识形态主阵地安全的实践路径，建设有中国特色的网络意识形态治理体系，不断提升中国共产党对于网络意识形态工作的引领力。

3.1 坚持正确方向，在思想引领中构建网络意识形态工作领导权

首先，在网络空间，必须始终坚持以马克思主义为思想指导和中国共产党的全面领导。百年以来，中国共产党取得一系列历史性成就的关键原因，就在于其始终以马克思主义作为指导思想，坚定不移走社会主义发展道路。网络空间的意识形态斗争本质上是不同国家间的思想之争、制度之争、文明之争，中国的网络意识形态具有鲜明的社会主义属性，这是马克思主义中国化、时代化发展的必然要求。“马克思主义是我们立党立国的根本指导思想”[8]，在意识形态斗争的网络战场，更要巩固社会主义意识形态的思想基础，将马克思主义摆在网络意识形态领域的突出地位。用马克思主义理论的精髓要义指导实践，牢牢占领和掌控舆论主阵地的“红色地带”，从而始终站在网络意识形态的制高点。要依靠马克思主义真理的力量击穿谎言，用马克思主义中国化的理论成果武装思维，在根本问题上统一思想，凝聚共识。

其次，要坚持正确的政治方向，不断增强社会主义意识形态的战斗力和凝聚力。党的意识形态工作是政治性和政策性的协调统一，“互联网管理是一项政治性极强的工作，讲政治是对网信部门第一位的要求。”[9]各级网信干部要“守土有责、守土负责、守土尽责”，树立政治意识，永葆政治信仰、明确政治立场，在网络意识形态实践工作中着力培养政治敏锐性，在工作中把党性和人民性统一起来，把意识形态宣传和服务人民群众结合起来，坚定不移

地宣传党的各项理论路线和方针政策，在网络重大舆情和公共实践危机中言行一致，始终与党和国家的官方立场保持高度一致。

3.2 完善监管制度，在依法治网中建构网络意识形态工作领导权

在网络意识形态治理进程中，需要依靠健全的法律手段和制度手段来进行引导。首先，要加快推进网络意识形态法治体系建设。近年来，针对我国互联网行业发展的实际情况，国家已经在信息安全、隐私保护、数据管理等方面出台了一系列法律文件，初步建立起了覆盖网络空间多领域的法律体系。但由于网络公共领域复杂多元，信息技术发展瞬息万变，网络相关法规的立法过程往往处于落后的位置。同时，现行网络相关立法中部门法、单行法数量较多，缺乏协调统一的一般法和基本法。因此，要加快制定完善互联网领域法律法规，推动依法管网、依法办网、依法上网。要通过“立、改、废、释”对现行的网络相关法律法规进行梳理、修订和完善，不断增强对于网民隐私安全的法律保护力度，要依法严厉打击境外势力通过网络平台进行意识形态渗透的违法行为，形成网络意识形态阵地的法律“高压线”。此外，还要遵循网络信息技术发展的客观规律，立足于中国现实国情和网络意识形态管理的实际，探索出一条具有中国特色的网络法规立法之路，进一步规范网民的虚拟实践行为，为维护网络意识形态安全提供法律保障。

其次，要加快推进网络意识形态管理机制建设。第一，要逐步完善网络意识形态监督管理体系，通过制度性手段加强网络监管能力。应加强顶层设计，建构起一套包含内容监管、舆情研判、风险预警等功能于一体的综合信息管理平台；要不断完善网络信息发布审核制度，用技术化、智慧化手段建构网络信息预警机制，通过大数据管理系统对网络信息发布的全链路进行监管。第二，要健全网络舆论引导机制。利用行政手段和政策工具对错误思潮进行拆解、分化、引导，严密防范和遏制不良思想倾向的信息在互联网传播和渗透，最大程度地降低错误言论和思潮对主流意识形态的冲击。要把文化资源、社会治理、政策制定等方面的制度优势转化为巩固壮大主流思想舆论的综合优势，在网络治理的实践进程中摸索适合中国国情的舆论引导机制。第三，要不断增强网络安全防御能力和威慑能力[10]，进一步完善数字基础设施的投资开发，加强对于前沿信息技术的学术研究和科研攻关，把网络科技发展的核心技术掌握在自己手中，通过“新型举国体制”突

破技术难点，实现高水平科技自立自强，为维护网络意识形态安全提供技术保障。

3.3 创新话语体系，在传播优化中建构网络意识形态工作领导权

首先，要通过创新意识形态宣传话语体系，增强社会主义意识形态在网络空间的吸引力和感染力，不断推进主流意识形态宣传话语体系的时代化和趣味化。互联网重塑了意识形态领导的话语空间，网络时代的话语生产体系越发呈现为多主体协同的“分布式”模式，不同文化背景下的主体可以平等地在开放的网络空间中自由表达。因此要顺应网络时代的信息传播趋势，立足于广大人民群众的生产生活实践，理解和关心网络“流行梗”背后的实际含义和价值倾向，破译网络热词中隐藏的“流行密码”，不断吸收最新的“网言网语”，并将其转化为意识形态引导的语言资源。在网络空间要把握好主流意识形态宣传“严谨规范”和“趣味新潮”之间的情感张力，把“大道理”和“小生活”融合起来，通过表情包、颜文字、流行语等网民喜闻乐见的方式创新网络宣传话语体系，赋予主流意识形态宣传话语体系以鲜活的生命力和创造力。同时，要利用信息技术赋能媒体传播，通过 VR 虚拟现实技术、AI 智慧主播等全息媒体实现信息与资讯的多维传播，通过沉浸式的信息交互搭建信息传播者与受众之间深层次、宽领域、强共鸣的情感和思想联系。

其次，要创新意识形态宣传内容生产机制，坚持内容为王，以内容优势赢得发展优势。要深入推进意识形态宣传内容的改革，增强社会主义意识形态的网络创作和内容生产能力，保证网络主流信息供给“质”与“量”的双效协同提升。要通过经典内容的网络翻新、理论内容的技术革新、原创内容的时代辟新，不断扩大主流意识形态的传播范围。要立足于历史视角，深入挖掘中华民族五千年历史中源远流长的文化资源，总结好民族文化中具有思想价值的精神符号，将其转化为网络意识形态工作的优质内容资源。同时也要立足于当代视角，梳理好中国共产党带领中华民族走向伟大复兴的现代中国故事，从而构建历史与现代深度融合的内容供给框架，用真实、生动、感人的优质文化资源丰盈意识形态宣传的内容肌理。

3.4 密切联系群众，在凝聚共识中建构网络意识形态工作领导权

首先，网络意识形态工作要坚持人民性的基本原则，贯彻网络空间的群

众路线，通过密切联系群众，想人民所想，思人民所需。网民是网络社会交往活动的主体，也是中国式网络意识形态领导权建构的主要引领对象，要重视人民在网络意识形态工作中发挥的重大作用。正所谓“知屋漏者在宇下，知政失者在草野”，信息时代网民已经逐渐习惯于利用网络工具表达其利益诉求和价值取向。因此，党员干部要“学网、懂网、用网”[11]，通过互联网平台了解群众、听取意见、接受监督。要通过网络渠道建立稳定的社情民意反馈机制，搭建有关部门与网民沟通交流的信息对话平台，将网络社交媒体作为决策机构吸纳民意和开展工作的虚拟窗口。

其次，要不断增强网民的信息综合素养，夯实网络意识形态领导权建构的群众基础。一方面，要快速提升网民应对错误思潮的理性思考能力，增强网民辨别是非、抵御网络谣言的能力；要通过公民素质教育和违法案例警示，培养网民的网络责任意识和网络法治意识。另一方面，意见领袖作为引导互联网舆论风向的关键群体，能够凭借其独有的网络资源优势聚合起大量“粉丝”，从而改变舆论整体走向。“要加强和改善对新媒体中的代表性人士的工作”[12]，要发挥网络意见领袖在舆论引导和凝聚共识中的关键作用，利用其在舆论生态中的强势话语地位，将其作为针对特定议题的“舆论调节器”和主流意识形态宣传的“话语扩音器”，使主流意识形态能够更好地在虚拟空间中凝聚共识。

最后，要进一步加强网络人才队伍建设。一方面，网络意识形态工作者要主动适应信息化要求、强化互联网思维，不断提升其智慧化设备和智能系统的操作能力，提升网络信息素养；另一方面，要组织高素质的网络人才队伍，为网络意识形态安全治理提供充足人才储备。对于网络意识形态领导权的竞争也是信息人才的竞争。因此，要造就一支政治立场坚定、业务精湛、作风优良、党和人民放心的新闻舆论工作队伍，充分利用高等学校、科研院所等单位的教育资源，培养一批融通信息化技术和现代传媒理念的复合型人才，使之成为网络意识形态工作的坚强后盾，并在此基础上健全网络人才的培养和保障机制，为人才发挥聪明才智创造良好条件。

4 结语

互联网作为当代社会最重要的信息交互平台，其影响力已渗透至社会认知结构的各个层面。正如习近平总书记指出的："互联网是一个社会信息大平台，亿万网民在上面获得信息、交流信息，这会对他们的求知途径、思维方式、价值观念产生重要影响，特别是会对他们对国家、对社会、对工作、对人生的看法产生重要影响。"[13] 这一重要论断深刻揭示了网络空间中意识形态斗争的复杂性与艰巨性。要确保国家"网络边疆"的整体安全，必须由党牢牢掌握网络意识形态工作的领导权，通过坚持正确方向、完善监管制度、创新话语体系、密切联系群众的综合性治理手段，推动网络空间沿着满足人民群众精神文化需求、增强社会正能量传播效能、丰富社会主义精神文明内涵的轨道，向积极健康的方向持续发展。

参 考 文 献

[1] 中共中央文献研究室 . 习近平关于社会主义文化建设论述摘编 [M]. 北京：中央文献出版社，2017.

[2] 中共中央关于党的百年奋斗重大成就和历史经验的决议 [N]. 人民日报，2021-11-17（1）.

[3] 习近平向 2023 年世界互联网大会乌镇峰会开幕式发表视频致辞 [N]. 人民日报，2023-11-09（1）.

[4] 桑斯坦 . 谣言 [M]. 张楠迪扬，译 . 北京：中信出版社，2010.

[5] 中央网络安全和信息化委员会办公室 . 习近平总书记关于网络强国的重要思想概论 [M]. 北京：人民出版社，2023.

[6] 杨文华，何翘楚 . 网络意识形态领导权研究 [M]. 沈阳：东北大学出版社，2017.

[7] 习近平 . 习近平谈治国理政：第 1 卷 [M]. 北京：外文出版社，2018.

[8] 习近平 . 在庆祝中国共产党成立 100 周年大会上的讲话 [N]. 人民日报，2021-07-02（2）.

[9] 中共中央党史和文献研究院 . 习近平关于网络强国论述摘编 [M]. 北京：中央文献出版社，2021.

[10] 习近平 . 论党的宣传思想工作 [M]. 北京：中央文献出版社，2020.

[11] 加快推进网络信息技术自主创新 朝着建设网络强国目标不懈努力 [N]. 人民日报，2016-10-10（1）.

［12］巩固发展最广泛的爱国统一战线 为实现中国梦提供广泛力量支持［N］. 人民日报，2015-05-21（1）.
［13］习近平 . 在网络安全和信息化工作座谈会上的讲话［N］. 人民日报，2016-04-26（2）.

2002—2022 年青年思想政治教育研究的热点主题与演进趋势
——基于 CiteSpace 的可视化分析*

张　耀

摘　要：本研究以中国知网（CNKI）数据库中北大核心期刊和 CSSCI 来源期刊的 296 条文献为样本，使用 CiteSpace（版本号 6.1.R6）软件对 2002—2022 年间发表的关于青年思想政治教育研究的文献进行可视化分析，考察青年思想政治教育研究的发展历程、热点主题与演进趋势。结果显示，当前研究热点主要聚焦于青年思想政治教育现状、高校思想政治教育工作应用与实践、青年思想政治教育成果和经验启示等主题。未来，研究人员可以在加强对青年思想和网络思想政治教育的关注、构建学术合作群、更新研究范式等方面开展更多研究工作，推动青年思想政治教育研究的深化与拓展。

关键词：青年思想政治教育；CiteSpace；热点主题；演进趋势

青年是社会发展的新鲜血液，肩负着实现中华民族伟大复兴的时代重任，一直以来都是思想政治教育的主要对象。习近平总书记在党的二十大报告中强调，全党要“做青年朋友的知心人、青年工作的热心人、青年群众的引路人。”[1] 因此，系统梳理关于青年思想政治教育的相关研究十分必要。本文

---

*基金项目：2023 年上海共青团“青年工作研究课题”项目“城市共青团基层组织建设和改革成效评价机制”（2023QYKTLX12-1）。

作者简介：张耀，男，浙江绍兴人，上海工程技术大学马克思主义学院 2022 级硕士研究生，主要研究方向为思想政治教育。

借助 CiteSpace 软件，以 2002—2022 年中国知网（CNKI）数据库中北大核心期刊和 CSSCI 来源期刊发表的关于青年思想政治教育的论文为研究对象，对该领域内容进行归纳总结，以知识图谱和表格等形式呈现 2002—2022 年青年思想政治教育研究的热点主题和演进趋势，为推动新时代青年思想政治教育深入研究提供有效参考和建议。

1　数据来源与研究方法

1.1　数据来源

进入中国知网数据库高级检索页面，以“青年思想政治教育”为主题，时间范围设置为 2002 年 1 月 1 日—2022 年 12 月 31 日，来源类别为“北大核心”和“CSSCI”，文献类别选择为“学术期刊”，检索共获得 316 篇文献，经过数据清洗，剔除无关以及非学术性文献，最终获得有效文献 296 篇作为本文进行可视化分析的数据源。

1.2　研究方法

运行 CiteSpace（版本号 6.1.R6）对 296 篇文献进行统计分析和可视化呈现，通过对发文量、作者和机构的分析揭示该领域研究的现状和基本特征，然后通过对关键词进行聚类、突现等分析挖掘 2002—2022 年青年思想政治教育研究的热点主题和演进趋势，从而展示该领域研究的知识全景。

2　2002—2022 年青年思想政治教育研究的知识图景

2.1　年度发文量趋势

年度发文量能够直观反映某领域的研究热度和研究速度变化。根据年发文量趋势图（图 1），可以看出，2002—2022 年关于青年思想政治教育研究的年度发文量处于一个波动上升的态势。我们能够将 2002—2022 年青年思想政治教育研究分为两个阶段。2002—2014 年为上升阶段，这一阶段的发文量基本呈现出逐年增长趋势，年均发文量为 11 篇，尤其是 2014 年，发文量突破了 20 篇，这表明青年思想政治教育的研究热度在不断增强，受到了越来越多学者的关注和重视。2015—2022年是波动阶段，年度发文呈现先下降再上升的态势，这与习近平总书记对思想政治教育学科发展的高度关注有关。习近平总书记先后于2016年的全国高校思想政治工作座谈会和2018年的北京大学师生座谈会与全国教育大会等多次会议上发表关于发展思想政治教育的重要讲话，推动了我国思想政治教育学科不断成熟完善。

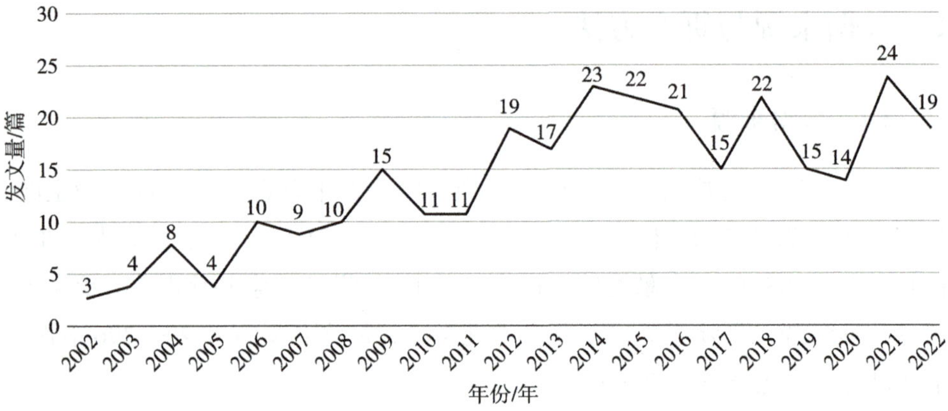

图1　2002—2022年各年度发文量趋势

2.2　文章期刊来源分析

对296条文献数据的文章期刊来源进行分析，筛选出排名前五的核心期刊：《学校党建与思想教育》（47篇）、《中国青年研究》（22篇）、《思想教育研究》（20篇）、《中国青年社会科学》（13篇）、《思想理论教育导刊》（11篇）。这五本学术期刊均具有高影响因子，而且是我国思想政治教育学科领域的权威期刊，这表明当前思政学科领域对青年思想政治教育论题的关注度较高。

2.3　作者合作图谱分析

青年思想政治教育研究的作者合作图谱共生成382个节点和143条连线，网络密度为0.002，节点之间的联络疏松，表明大部分研究人员在该领域的研究处于分散状态，仅有少数学者有较弱的合作关系。节点的大小反映发文数量的多少，发文量较多的是蒋广学、王志杰和周培京等人。从合作情况看，青年思想政治教育研究形成了若干合作网络，主要的合作研究群有以蒋广学为核心的团队、以张瑞强和杨贵明为核心的团队、赖雄麟和李海峰、陈殿林和张青青等，其中北京大学青年研究中心的蒋广学参与研究并发表的论文最多，数量达到了5篇。

2.4 机构合作分析

青年思想政治教育研究的机构合作图谱共生成325个节点和91条连线，网络密度为0.0017，节点之间的联络疏松，表明科研机构之间交流合作不深，仅形成了分别以北京大学青年研究中心、清华大学马克思主义学院、西南大学马克思主义理论研究中心等为核心的合作网络。其中，发文量最多的是北京大学青年研究中心（6篇），其次是清华大学马克思主义学院（5篇）。

3 2002—2022年青年思想政治教育研究的关键词共现图谱分析

3.1 关键词共现分析

青年思想政治教育研究的关键词共现图谱（图2）共生成438个节点和993条连线。结果显示，最大的节点是关键词“思想政治教育”，“青年”“青年学生”“青年思想政治教育”紧随其后。

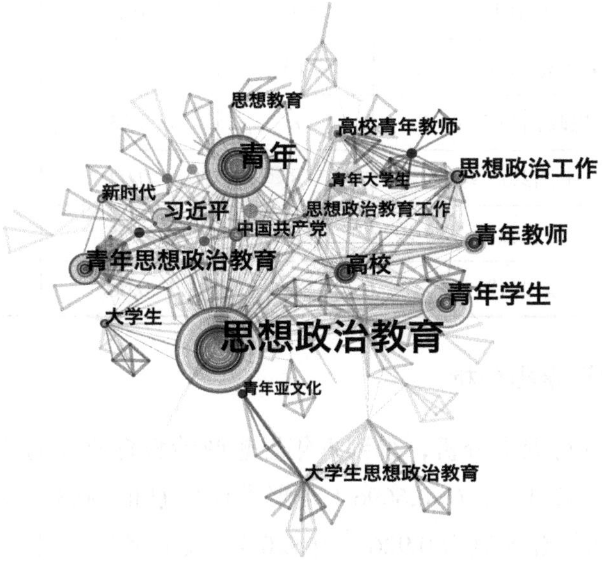

图2 关键词共现图谱

某一时期的研究热点可以通过关键词的中心性来反映，一般当中心性≥0.1时，代表该关键词较为重要。本研究统计了青年思想政治教育研究频次排名前15的关键词（表1），“习近平”“新时代”等热点关键词的出现，可以很好地反映近年来青年思想政治教育的研究热点。

表1　高频关键词

序号	关键词	频次	中心性	首次出现年份
1	思想政治教育	136	1.15	2002
2	青年	50	0.34	2002
3	青年学生	28	0.14	2004
4	青年思想政治教育	19	0.16	2002
5	青年教师	18	0.05	2008
6	思想政治工作	17	0.23	2003
7	高校	16	0.09	2007
8	习近平	15	0.06	2016
9	高校青年教师	11	0.07	2008
10	大学生	10	0.1	2005
11	大学生思想政治教育	10	0.13	2011
12	思想政治教育工作	8	0.13	2005
13	中国共产党	8	0.02	2012
14	思想教育	8	0.05	2008
15	新时代	8	0.06	2018

3.2　关键词聚类分析

对关键词进行聚类分析，得到青年思想政治教育研究的关键词聚类图谱（图3）。分析结果显示，Q=0.6696（当聚类模块Q值>0.3，表示聚类效果较好），聚类平均轮廓S值为0.926（当S>0.5，表示聚类合理；当S>0.7，表示聚类结果令人信服），说明本次研究分析的聚类合理，且结果令人信服，这有助于我们分析和把握该领域研究的总体特征和发展趋势。

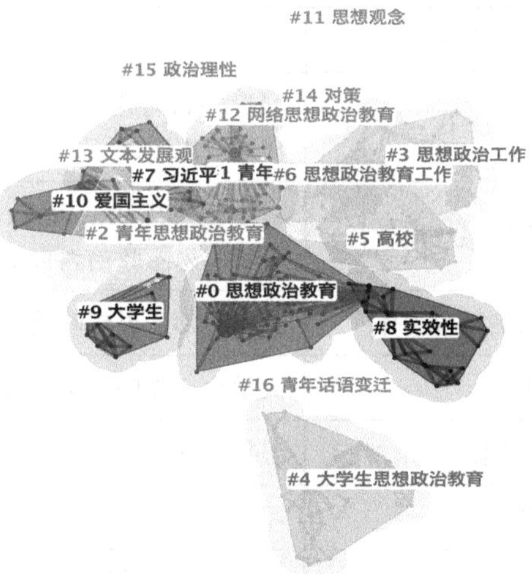

图 3　关键词聚类图谱

4　2002—2022 年青年思想政治教育研究的热点主题

可视化图谱显示关键词主要聚成 17 类，根据关键词聚类信息，可将这 17 个主要关键词聚类归纳为青年思想政治教育研究的四大热点主题（表 2）。热点主题涵盖青年思想政治教育应用与实践和青年思想政治教育创新成果两个维度，其中青年思想政治教育应用与实践维度包括青年思想政治教育现状和高校思想政治教育工作应用与实践，青年思想政治教育创新成果维度主要包括青年思想政治教育成果和青年思想政治教育经验启示。

表 2　关键词聚类表

热点主题	聚类编号	主要关键词
青年思想政治教育现状	#0 思想政治教育	青年学生、思想政治教育、青年大学生、实现路径、青年观特征
	#1 青年	青年、思想教育、实践
	#2 青年思想政治教育	思政教育、研究现状、新时代、改革开放
	#12 网络思想政治教育	网络思想政治教育、有效性

（续表）

热点主题	聚类编号	主要关键词
高校思想政治教育工作应用与实践	#3 思想政治工作	习近平新时代中国特色社会主义思想、新时代高校思政课
	#4 大学生思想政治教育	大学生思想政治教育、青年亚文化、网络新青年、思想政治教育工作者
	#6 思想政治教育工作	青年教师、思想政治教育工作
	#9 大学生	大学生、爱国主义教育
	#11 思想观念	思想观念、价值取向
青年思想政治教育成果	#7 习近平	习近平、创新
	#8 实效性	实效性、思想政治素质、思想政治理论课、思想政治工作者
	#10 爱国主义	爱国主义、青年爱国行为
	#14 对策	对策、思想上的“小障碍”
青年思想政治教育经验启示	#5 高校	高校、思想政治、学生思想政治教育、教育教学
	#13 人本发展观	以人为本、人本发展观
	#15 政治理性	政治理性、人本主义
	#16 青年话语变迁	心理健康教育、习近平青年观、网络思想政治教育

4.1 青年思想政治教育现状

该主题包含的聚类有 #0 思想政治教育、#1 青年、#2 青年思想政治教育、#12 网络思想政治教育，主要关键词有青年、青年学生、研究现状、实现路径、实践等。随着青年思想政治教育的不断发展和互联网的兴起与普及，受教育的青年群体越来越广泛，开展青年思想政治教育的方式和手段也发生了变化。

一是不同青年群体的思想政治教育研究。首先，青年大学生是青年思想政治教育的主要对象。罗亨江等指出，新时代高校青年思想政治教育可以通过以导向为原则建构基本框架，实现教育内容的全面性和逻辑性。[2] 张鹏等对来华外国留学生群体思想政治教育也作了研究。他们分析，对该群体开展通识课程的“课程思政”研究和实践，有助于实现他们对“中国方案”的文化和价值认同，进而培养更多国际爱华人士。[3] 其次，高校青年教师也是青年思想政治教育的重要对象，加强对他们的思想政治教育，不仅关系到他们个人的成长，更关系到他们培养青年大学生群体的成效。李敏等针对加强和改进高校青年教师思想政治工作提出了坚持将高校青年教师思想政治工作与强化理想信念教育、提高教师业务水平等相结合的建议。[4] 钱间建认为，要长期稳定推进高校青年教师思想政治教育工作，就必须进行制度化建构。他提出，应从内容设置规范化、组织管理制度化等五方面发力。[5] 最后，农村青年也是该领域研究的重点对象。农村青年的发展境遇与其他青年群体相比有一定差距，对他们的关注和思想引领是尤为重要的。黄娟提出，培养有理想、有本领、有担当的农村青年，可以通过组织育人、文化育人和实践育人来实现。[6]

二是网络环境下青年思想政治教育研究。互联网的兴起与普及给青年思想政治教育带来了巨大机遇，但也构成了严峻挑战。崔华泰认为，网络技术的运用使得青年思想政治教育具有广域性、即时性和趣味性等优势。面对挑战，他提出了通过网络传递教育内容和充分利用大数据等措施，以优化青年思想政治教育的路径和效果。[7] 苏俊海认为，在网络新媒体的背景下，占领网络意识形态阵地至关重要，高校可以借助“两微一端”等渠道，通过创新话语表述方式实现与青年学生的积极互动，了解他们的性格特征和内心想法，以此更好地开展思想政治教育工作。[8] 在青年网民中逐渐形成的网络青年亚文化是这一群体特有的文化价值体系，与他们的生活方式和思维模式息息相关。杨慧民等指出，准确把握网络青年亚文化，有助于发挥其思想政治教育的功能。[9]

4.2 高校思想政治教育工作应用与实践

该主题包含的聚类有 #3 思想政治工作、#4 大学生思想政治教育、#6 思想政治教育工作、#9 大学生、#11 思想观念，主要关键词有思想政治教育工作者、思想观念、大学生、思想政治教育工作等。当前，我们正处于实现第二个百年奋斗目标的关键时期，培养一批德智体美劳全面发展的青年才俊至关重要，这就要求高校要不断加强新时期青年思想政治教育工作。

一是高校自身视角下思想政治教育工作的研究。高校是思想政治工作的先锋军，推动高校自身改革创新对开辟青年思想政治教育新路径具有重要意义。张成龙等认为，党的青年观是青年工作重要的理论成果，高校应以党的青年观作为开展青年工作的认识论和方法论，从网络思想政治教育阵地建设、社会情境教育等方面引导广大青年坚定不移听党话、跟党走，将个人理想融入党和国家的前途和命运，奉献于中华民族伟大复兴。[10]严帅等指出，当前高校思想政治教育工作关键的任务是探究组织育人的实践路径，把组织育人的效能发挥到最大限度。[11]

二是学生视角下思想政治教育工作的应用实践。当前我国青年群体具有专业领域宽广、年龄层次多样、遍布海内外等特征，高校开展青年思想政治工作需要从青年群体的重要特征着手。游志纯等指出，习近平总书记给青年回信的教育方式充分展现了做好青年思想政治教育要因事而化、因时而进、因势而新。[12]刘书林认为，学生的逆反心理是高校做好思想政治教育工作的“拦路虎”。他指出，教育工作者在形象上要平等真诚、言行一致，教育教学上要杜绝形式主义，引导学生从身边事入手，以小见大引发新思考，他还提出了要善于运用出其不意和比喻的方法，达到超越逆反心理的作用。[13]

4.3 青年思想政治教育成果

该主题包含的聚类有 #7 习近平、#8 实效性、#10 爱国主义、#14 对策，主要关键词有习近平、实效性、对策等。随着青年思想政治教育工作不断推进，许多该领域的研究成果涌现出来，这对增强青年思想政治教育实效性有重要的理论和实践意义。该主题的研究主要包括两个方面。

一是习近平关于青年思想政治教育的重要论述的研究与应用。习近平关于青年思想政治教育重要论述是在习近平总书记准确把握新时代特点，结合国际变化形势与实现民族复兴的特征基础上形成的，为当前指导新时代青年思想政治教育提供了有益启示。朱喆等提出，在对青年的方向指引上李大钊青年思想和习近平总书记关于青年思想政治教育的重要论述是一脉相承的。他们进一步指出，青年教育的基础是重视和肯定青年，关键是要推进马克思主义理论教育时代化进程，核心是要培育当代青年的历史责任感与担当意识。[14]张岚指出，探究习近平总书记关于青年思想政治教育的重要论述的主要内容、价值取向、话语特色，有助于规范和引导新时期青年思想政治教育。[15] 龚志军等对习近平青年教育方法论作了研究，他们分析，这一方法论对青年做到知行合一、形成正确的人生观和价值观等具有重要的启示意义。[16]

二是中华优秀传统文化思想政治教育的价值与运用研究。中华优秀传统文化中蕴含丰富的教育资源，有利于增强青年的文化自觉和文化自信，有助于提高青年思想政治教育的实效性。赵越指出，将中华优秀传统文化融入青年思政教育是一种创新思政教育的重要方式，在引导新时代青年树立崇高理想、练就过硬本领等方面意义重大。[17] 李江静等指出，国风文化蕴含思想政治教育借鉴和运用的文化资源，应对国风文化内容、载体和叙事方面的积极要素进行挖掘、借鉴和运用，为青年思想政治教育提供新内容、新思路和新方法。[18]

4.4 青年思想政治教育经验启示

该主题包含的聚类有 #5 高校、#13 人本发展观、#15 政治理性、#16 青年话语变迁，主要关键词有思想政治、以人为本、学生思想政治教育等。青年思想政治教育工作关乎民族、国家的前途命运，因此总结青年思想政治教育的基本经验，有助于给青年思想政治教育工作提供有益启示，推动其不断创新发展。

一是中国共产党青年思想政治教育基本经验的总结。张英杰等从以人为本的内涵入手，强调青年思想政治教育要实现人本化的转变、现实化的发展和科学化提升。[19] 常艳芳等分析，推动党的青年思想政治教育的持续创新与高质量发展，应该进一步坚持以青年为本与党管青年原则相统一，坚持中国特色社会主义青年运动与发挥青年组织效能相统一，坚持铸青年之魂与育时代新人相统一。[20]

二是青年思想政治教育话语权的构建研究。随着时代的发展和语境的变迁，青年思想政治教育话语权的构建显得越来越重要，这对推进青年思想政治教育工作具有重要意义。蒋占峰等指出，新媒体背景下，抖音成为庞大青年社群的聚集地，成为青年思政教育话语创新研究的新领域，为在新领域中有效地转译和表达主流意识形态，应厘定“思政 + 抖音”的耦合机制，从把握青年特征、明确耦合原则、注重话语转译三方面入手，构建思想政治教育话语权。[21] 靳玉军等认为，当前应立足实际，把握青年思想政治教育话语发展规律，做到注重时代、注重力度和注重效果，实现青年思想政治教育话语的理念“补位”、内容“定位”和方式“归位”。[22]

5　2002—2022 年青年思想政治教育研究的演进趋势

本文主要通过关键词时间线聚类图谱和关键词突现图谱来分析青年思想政治教育研究的演进趋势。

5.1　关键词时间线聚类图谱分析

借助 CiteSpace 软件，可得到关键词时间线聚类图谱（图 4），根据知识图谱呈现的信息，可将该领域 2002—2022 年的研究分为三个阶段。

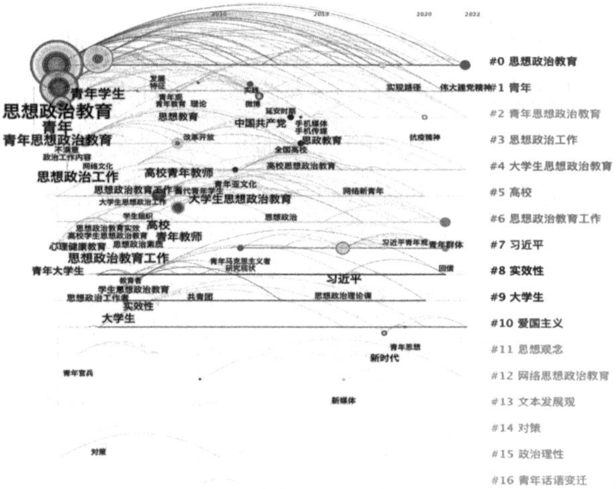

图 4　时间线聚类图谱

第一阶段为青年思想政治教育研究的萌芽期（2002—2006 年）。这一阶段该领域涉及的关键词和聚类、发文量均不多，相关文献的关键词主要以“思想政治教育”“青年”“心理健康教育”和“青年思想政治教育”为主，对后续探索深入青年思想政治教育研究有奠基作用。

第二阶段为青年思想政治教育研究的发展期（2007—2015 年）。在发文量方面，该阶段发文数量有所增长，关键词和聚类在这一阶段也比较全面，重要的关键词有“实效性”“思想政治教育工作者”“高校青年教师”“大学生思想政治教育”等。

第三阶段为青年思想政治教育研究的深化期（2016—2022 年）。这一阶段青年思想政治教育研究发文量增长明显，在前两个阶段对已有主题的研究的基础上，青年思想政治教育研究相关的关键词也更加多元，如“习近平”“网络新青年”“抗疫精神”“青年观”等。

5.2　关键词突现图谱分析

利用 CiteSpace 软件，将 296 篇文献作为数据源制作被引用次数最多的前 14 个关键词突现图谱（图 5），由此，可将该领域 2002—2022 年的研究分为三个阶段：第一阶段为 2002—2010 年，关键词“高校”是所有突现关键词中持续时间最长的，时间长度为 8 年。第二阶段为 2011—2015 年，相关研究主要围绕“青年亚文化”“青年教师”等主题展开。第三阶段为 2016—2022 年，“习近平”“新时代”“中国共产党”等成为青年思想政治教育领域的研究热点，值得关注的是，其中不少研究主题延续至今，表明这些关键词是当前以及今后一段时期的研究热点。

关键词	年份	强度	开始	结束	2002—2022年
心理健康教育	2003	1.57	**2003**	2008	
思想政治工作者	2004	1.84	**2004**	2006	
高校	2007	3.66	**2007**	2015	
特征	2007	1.71	**2007**	2009	
思想政治工作	2003	1.98	**2008**	2010	
青年亚文化	2011	2.05	**2011**	2014	
青年教师	2008	4.4	**2013**	2016	
高校青年教师	2008	3.6	**2014**	2018	
习近平	2016	4.44	**2016**	2022	
新媒体	2016	1.63	**2016**	2019	
网络新青年	2017	1.75	**2017**	2018	
新时代	2018	3.13	**2018**	2022	
中国共产党	2012	2.24	**2019**	2022	
抗疫精神	2020	2.28	**2020**	2022	

图 5　被引用次数最多的前 14 个关键词突现图谱

6 研究展望

其一，在研究主题和内容上，倡导持续加强对习近平关于青年思想政治教育和网络思想政治教育的重要论述的关注。当前，青年群体身处网络信息快速发展的时代，信息传播呈现即时性、虚拟性和广域性，因此加强青年网络思想政治教育引领具有重要意义。

其二，在合作网络上，倡导构建学术合作群，加强不同研究方向的研究者以及不同科研机构之间的合作。青年思想政治教育研究主题自出现以来，一直受到广大研究者的关注，丰硕的研究成果不断涌现，但从本研究的分析结果看，目前没有形成该领域紧密的学术作者群。应加强研究者以及科研机构之间的合作，包括中央有关部门和地方研究机构之间以及不同高校和研究机构之间的合作，充分利用资源，凝聚力量，构建学术作者群，营造良好的学术氛围，共同推动青年思想政治教育研究的深化，获得新的研究成果。

其三，在研究方法上，倡导更新研究范式，提升定量和实证研究占比。从2002—2022年的青年思想政治教育研究来看，多数学者仍然采用定性研究的方法，定量和实证研究成果较少。因此，青年思想政治教育研究也要重视对定量和实证分析的使用，从而为增强高校思想政治教育工作实效性提供更多数据支撑，不断推进青年思想政治教育创新发展。

参考文献

［1］习近平．高举中国特色社会主义伟大旗帜　为全面建设社会主义现代化国家而团结奋斗［N］．人民日报，2022-10-26（1）．

［2］罗亨江，吴兵．新时代高校青年思想政治教育导向研究［J］．教育学术月刊，2022（4）：23-28．

［3］张鹏，张林华，吴洋．来华青年思想政治教育发展路径研究——以《中国概况》课程建设为例［J］．当代青年研究，2022（3）：43-49．

［4］李敏，颜吾佴．高校青年教师思想政治教育的现状及对策——基于北京部分高校的调查研究［J］．学校党建与思想教育，2020（3）：57-60，71．

［5］钱闰建．高校青年教师思想政治教育制度化的逻辑内涵与建设路径［J］．广西社会科学，2018（8）：216–220.
［6］黄娟．如何做好农村青年思政教育［J］．人民论坛，2018（10）：123–125.
［7］崔华泰．网络时代青年思想政治教育创新研究［J］．中国青年社会科学，2017，36（3）：33–39.
［8］苏俊海．高校青年学生思想特点及思想政治教育途径探析［J］．中国高等教育，2019（17）：39–40.
［9］杨慧民，樊亚茹．网络青年亚文化思想政治教育功能的生成逻辑［J］．思想教育研究，2020（9）：116–121.
［10］张成龙，王冬冬．中国共产党青年观对大学生思想政治教育的价值［J］．学校党建与思想教育，2019（24）：44–45.
［11］严帅，任雅才．新时代高校学生组织育人的功能内涵与实施路径［J］．学校党建与思想教育，2019（9）：32–35.
［12］游志纯，马建青．回信：习近平青年思想政治教育的创新方法［J］．思想教育研究，2022（11）：44–49.
［13］刘书林．思想政治教育工作应对逆反心理的方法探讨［J］．思想理论教育导刊，2022（2）：13–21.
［14］朱喆，王钰涵．从李大钊到习近平：关于青年思想的传承和发展［J］．学校党建与思想教育，2021（20）：13–15.
［15］张岚．习近平青年思想政治教育观研究［J］．学校党建与思想教育，2019（14）：8–10.
［16］龚志军，牛玉萍．习近平青年思想政治教育方法论及其启示［J］．湖南农业大学学报（社会科学版），2018，19（6）：7–12.
［17］赵越．将中华优秀传统文化融入青年思政教育［J］．人民论坛，2019（24）：190–191.
［18］李江静，黎晓琳．国风文化的思想政治教育价值与运用［J］．思想教育研究，2022（2）：92–96.
［19］张英杰，郭建锋．新时期青年思想政治教育的误区与疏导［J］．中国青年研究，2009（10）：92–94.
［20］常艳芳，李萍．中国共产党青年思想政治教育的百余年实践：历史探索、

基本经验与现实启示［J］. 中国青年社会科学，2022，41（1）：74-81.
［21］蒋占峰，娄博华. 青年思想政治教育话语的抖音趣缘研究［J］. 学校党建与思想教育，2021（3）：29-32.
［22］靳玉军，罗春艺. 青年思想政治教育话语发展研究［J］. 中国青年社会科学，2018，37（3）：73-79.

论人类命运共同体蕴含的文明交往观

王世江

摘　要：党的二十大报告指出，“当前，世界之变、时代之变、历史之变正以前所未有的方式展开”，“人类社会面临前所未有的挑战”。“中国始终坚持维护世界和平、促进共同发展的外交政策宗旨，致力于推动构建人类命运共同体”，这其中蕴含了具有普遍意义的文明交往观。这种文明交往观的来源有其深层逻辑，在当下以掠夺市场和资源为目的的社会交往中，社会交往的对抗性充分显现，导致了世界发展的不平衡不公正，形成两极分化。为了推动这些问题的解决，保障世界的和平与发展，中国扎根自身优秀传统文化，提出推动构建人类命运共同体，推动社会交往从对抗性向同向性的转换。这一过程，正是在国际上展示中国方案、树立良好中国形象、推动国际关系向着更合理方向转变的过程。

关键词：社会交往；人类命运共同体；文明交往观；同向性；对抗性

1　人类命运共同体蕴含的文明交往观的内在逻辑

1.1　文明交往观的世界历史基础

唯物史观视域中的“世界历史”是指各个民族、各个国家在普遍交往中，彼此之间不再相互割裂、相互隔绝，而是进入相互依存、彼此联系的世界整

作者简介：王世江，男，广东深圳人，上海交通大学马克思主义学院2022级硕士研究生，主要研究方向为马克思主义中国化。

体化的历史。近代以来，随着生产力的不断解放和资本主义生产方式的完善与发展，人类走出大陆、探索世界，开始争夺市场和资源；世界各国间的交往日益频繁，在形式和内容上不断演变发展，逐渐呈现出文明与野蛮之分。“马克思认为交往同生产和分工一起不仅决定着一个民族与他民族的关系，也决定一个民族自身的整体社会结构。”[1]从交往性质看，在世界普遍交往的发展历程背后，是生产力和生产关系的不断发展深化。回顾历史，某些西方大国在争夺霸权的交往原则下，对相对落后国家进行掠夺，非洲的黑奴贸易、北美的中国劳工正是有力例证。因此，尽管自诩文明，这些大国在交往中所暴露的观念却与文明背道而驰。从发展趋势看，原始社会、封建社会中各地域之间封闭隔绝的状态被席卷世界的交往浪潮打破，伴随着生产、销售等活动，“交往尤其是世界性贸易形成了世界市场，由此导致‘世界历史’的形成。”[2]世界逐渐成为一个整体，西方的交往范式成为主流范式。

这种在深度上不断加深、在范围上不断扩大、从掠夺中走出来的社会交往，推动着传统的区域间隔被打破，历史越来越成为具有“全面的生产”“全面的依存关系”的世界历史，世界各国的命运逐渐交织在一起。但同样，以资本为核心的、依托资本主义生产方式争夺市场和资源的历史，其本质逻辑始终没有摆脱在交往之初所隐含的霸权思想，掠夺、战争依然存在。这一交往范式推动形成了两极分化、南北之间发展不平衡不平等的世界格局，这也呼唤着不以争夺霸权为主要目的、不以剥削压迫为主要手段的新的交往观的出现，即文明交往观。

当下，国际格局和国际体系正在发生深刻调整，全球治理体系正在发生深刻变革。在百年未有之大变局的背后隐含着世界各国对和平发展的呼唤，这一理想的实现无法再依靠以往以对抗性占主要方面的社会交往，而是有赖于文明交往观的树立与践行。正是在这样的条件下，中国提出了推动构建人类命运共同体，形成了文明交往观。

1.2 文明交往观的社会交往同向性与对抗性阐释

世界历史的发展离不开世界各国之间的社会交往。从国家间的社会交往实践来看，可以发现社会交往具有两个重要维度，即同向性与对抗性。

社会交往的同向性是指在一定历史条件下，个人、群体、阶级、民族、国家之间的交往行为由于生产力和生产关系的因素，具有互利共赢的属性。

反之，社会交往的对抗性则是指其交往行为具有矛盾冲突的属性。社会交往在不同的条件下会呈现出不同的属性，当交往双方处在相对和谐的关系中时，双方的社会交往就呈现出同向性，反之，则会呈现出对抗性的属性。两种属性之间相互依存，相互包含，在一定条件下相互转化。

在当下，对抗性的社会交往越来越难以为继。经济上，全球各国之间的相互联系不断加深，牵一发而动全身，对抗性社会交往会给每个参与其中的国家带来负面影响。政治上，霸权主义和强权政治难以为继。回眸历史，海湾战争、科索沃战争等利益驱使下的代理人战争带来了严重的人道主义灾难；往近处看，巴以冲突、俄乌冲突给世界人民带来巨大灾难，加剧了民族之间的敌对仇视，留下了严重复杂的社会问题。世界人民呼吁一个更加公正、合理、平等的世界，而部分国家一意孤行，这背后正是霸权思维在作祟。这些交往实践都越来越要求，国家之间的社会交往应从对抗性向同向性转换。

文明交往观注定将成为未来世界的交往准则。在中国的持久努力下，“一带一路”惠及多国，不断推动互利共赢、共同发展；巴勒斯坦各派签署《北京宣言》，向着结束分裂、加强团结迈出坚实步伐。历史和实践证明，霸权思维、对抗思维只能给世界各国带来伤害，甚至使始作俑者引火烧身，而走向文明交往，是历史的必然方向。“中国提出了全球发展倡议、全球安全倡议，愿同国际社会一道落实。”[3]“两个倡议”凸显了人类命运共同体的核心价值导向，其提出正是因为当下世界和平发展问题日益突出，人类面临的风险挑战日益严峻，而发展与安全也构成了文明交往观在社会交往同向性基础上的两大要求，是推动文明交往观得以实现的着力方向。为了落实“两个倡议”，推动构建人类命运共同体，则要在对于社会交往对抗性的反思中发现社会交往同向性的价值，发扬蕴含在人类命运共同体中的文明交往观。

1.3 人类命运共同体蕴含的文明交往观的传统文化底蕴

人类命运共同体理念是在国内国际两个大局条件下对世界和人类将往何处去问题的解答，其蕴含的文明交往观与中华优秀传统文化在交往方式、价值追求、目标导向上相契合。

在交往方式上，相较于冲突与竞争，文明交往首先需要各国在尊重自身差异性的基础上开展合作。文明多样性是人类社会的基本特征，也是人类社会能够取长补短、不断发展的重要动力。《论语》早就提出“君子和而不同”

的观点，同时，“人类命运共同体根植于传统‘和’文化的土壤之中，体现了‘协和万邦’‘万国咸宁’的政治思想”[4]。可见人类命运共同体倡导和而不同、兼收并蓄的交流对话。中国古代就有的关于论述交往方式的理念与文明交往观的气质和内涵十分契合。

在价值追求上，中华民族推崇和睦相处、互相尊重，在交往中谋求互利共赢，孔子强调：“己所不欲，勿施于人。”朱熹将此释为“推己及物”。这其中蕴含了在交往中要尊重对方的价值理念，其也成为中国社会交往的重要准则。人类命运共同体中所蕴含的文明交往观与中华优秀传统文化在价值追求上十分吻合。

在目标导向上，《礼记》提出了“天下为公”的理想社会构想，强调社会资源的公平分配，以实现全体人民的幸福生活理想。这种追求不仅成为人类对内部社会治理的价值导向，也成为对国际关系和全球治理的期望。人类命运共同体理念中的文明交往观倡导各国超越短期利益，着眼于全球的可持续发展和全体人类的共同福祉，这与中国古代的“大同”思想一脉相承，也正是文明交往观呼吁构建一个更加公正、合理、可持续的国际秩序、国际环境的重要因素。

文明交往观植根于中华优秀传统文化，不仅深刻体现了中华文明的交往智慧和价值追求，而且为全球治理提供了新思路、新方向。文明交往观呼吁各国携手合作，共同应对全球性挑战，实现共同发展和繁荣。这一理念的实践将有助于人类社会的长远发展。

2　人类命运共同体中蕴含的文明交往观的内涵探赜与比较优势

2.1　人类命运共同体蕴含的文明交往观的内涵探赜

人类命运共同体中的文明交往观有着双重具体内涵，分别是文明内涵和交往内涵，以文明内涵引领交往，以交往实践实现文明，在遵循文明原则的基础上开展社会交往是文明交往观的内在逻辑。

在文明维度上，文明交往观凸显了社会交往在价值层面的取向。人类命运共同体的构建需要弘扬和平、发展、公平、正义、民主、自由等价值，这也是文明交往观中文明维度的价值取向。这要求交往双方在交往过程中要尊重全人类共同价值，“承认文明没有高下、优劣之分，只有特色、地域之别”[3]，保障交往行为不会超出一定的行为框架，不会破坏和平与发展，不会损害公平与正义，不会妨碍民主与自由。以这三条标准为原则衡量社会交往的文明程度，就是文明交往观在文明维度的内涵。

在交往维度上，文明交往观展现了社会交往实践层面上的界定，即是在一定生产力和生产关系的基础上，民族与民族、国家与国家之间物质和精神上相互往来、相互作用、相互联系的活动。马克思在《德意志意识形态》中将人们社会交往活动的基础总结为市民社会，在研究交往主体的过程中，他不仅仅发现了生产将个人彼此之间联系起来，还根据这一角度，提出一个民族内部交往和外部交往的概念。一个民族自身的内部结构、一个民族与其他民族的关系都取决于其自身的生产以及其内部和外部的交往发展程度。随着生产力的发展和分工的扩大，交往随之扩大，形成了世界交往，并逐渐走向深化。文明交往观中的交往，就指向了一个民族的外部交往，以及在全球范围内的世界交往。

结合文明内涵与交往内涵，文明交往观提供了一个全面的视角。这种视角不仅强调了在价值层面上的共同追求，也强调了在实际交往中的互动与合作。文明交往观的双重内涵，要求世界各国在尊重差异的基础上寻求共识，通过实际行动促进不同文明之间的对话与交流。这种对话与交流不仅限于文化层面，还应扩展到经济、政治、科技等多个领域，以多维度推进共同繁荣。通过这种方式，文明交往观不仅促进了不同国家之间的相互理解和尊重，也为解决全球性问题提供了合作的平台，从而推动构建一个更加公正、合理的国际秩序，为全球治理和国际合作提供了新的思路和方向。

2.2　人类命运共同体中蕴含的文明交往观的同向性特点

人类命运共同体中蕴含的文明交往观的同向性特点是文明交往观的价值导向和实践要求，内蕴在文明交往观之中。

文明交往观作为理念，同向性是其突出特点，是其价值导向。文明交往观引导国与国之间在交往中建立起和谐共处的关系，强调对抗性在矛盾中占据次要地位，起次要作用，而同向性占据主要地位，起主要作用。这种观念在实际的交往中可以体现为经济、政治、文化、生态等方面的相互促进、相互推动、共同发展。

同时，文明交往观的同向性特点也体现了其实践要求，交往本身包含了物质、精神的相互影响、相互作用、相互联系，指引其进行交往的观念则对实践起指导作用。延续到现实中，这种要求就可以在人类命运共同体的具体行动上得到体现。人类命运共同体的核心是建设持久和平、普遍安全、共同繁荣、开放包容、清洁美丽的世界，如中国“一带一路”倡议中所展现的合作精神。通过基础设施建设、贸易投资，“一带一路”倡议加强了互联互通和区域经济一体化，为共建国家带来了实实在在的经济利益，同时也展现了中国作为全球发展的贡献者和引领者的担当作为。除此之外，中国在全球气候变化合作中也积极承担国际责任，推动同向性转向，承诺到2060年实现碳中和，并在巴黎协定框架下与其他国家合作推动绿色低碳发展，展现了对全球环境问题的负责任态度。这些具体的目标需要践行文明交往观来达成，这些目标也体现出文明交往观在不同的领域可以培育出不同的果实，但是每一种果实都是互利共赢、共同发展的。

文明交往观的同向性特点在实践中会推动人类社会发展朝向普遍性转向。社会交往的同向性植根于国家与国家之间的共同利益，践行文明交往观，符合人类共同利益，可以说，文明交往观不是中国自身所独有的，而是可以为世界各国所共享的、造福于世界各国的。

2.3 人类命运共同体中蕴含的文明交往观对现行交往观的超越

人类命运共同体中蕴含的文明交往观从世界各国的根本利益和共同利益角度来看，实现了对现行交往观的超越。

随着全球化的发展，整个世界在各个方面联系成为一个整体，各国在经济、政治、文化等各个领域上都发生了越来越深的交往。这种社会交往本身存在着同向性与对抗性的双重维度，但是在当下霸权主义和强权政治肆虐的背景下，在资本主义的基本矛盾面前，对抗性占据了主要地位。对抗性具体体现为“在国际交往中，一些国家坚持本国利益至上，以民主和自由之名对其他国家实行霸凌主义”[5]。同时，这些国家推崇金融垄断资本主义，在全球范围内不尊重他国的主权和独立，强行干涉、控制乃至统治，甚至不惜发动战争或间接干预战争以达到获取利益、巩固自己霸主地位的目的。这种交往观在超级大国的推崇下，造成了长期持续的南北问题，导致了世界发展的不平衡不平等，甚至将部分国家推向战火。这种对抗性之下，交往的两个国家都并非赢家，而只有国家顶层少数利益集团真正获利，长久来看，对于世界各国人民而言，是有百害而无一利的。

文明交往观的践行不仅避免了上述问题，有助于弥补南北差距，推动世界发展良性循环，而且有利于维护世界各国人民的根本利益和共同利益，促进共建美好世界。从实践来看，中国矢志不渝推动构建人类命运共同体，在多个方面深化与世界各国的同向性联系：站在新时代起点上更深入推进南南合作，在能源转型、基础设施建设等方面广泛开展合作；大力推动进博会、广交会、服贸会等国际大型展会，推进高水平对外开放，让中国机遇与世界各国共享共赢。从理论维度看，这些具体实践都是文明交往观导向下，丰富复杂国际关系中同向性关系的重要实践，也能够证明文明交往观不是单纯避免冲突对抗，而是找到了在对抗之外实现共同发展的有效路径。在此意义上，文明交往观实现了对现行交往观的超越。

3 弘扬人类命运共同体文明交往观的现实意义

3.1 弘扬人类命运共同体文明交往观对树立中国形象的积极意义

在国际舞台上塑造中国形象的途径主要有两种：一是他塑，二是自塑。“西方因工业文明和文艺复兴而率先实现现代化，自信满满的西方人宣扬西方中心论。日裔美籍学者弗朗西斯·福山的‘历史终结论’曾经风光一时。”[6]较之于西方的积极自塑，中国在国际上的形象在他塑方面存在不利因素，部分国际媒体对中国形象不断抹黑，使得中国形象在国际上存在一定的扭曲。同时，中国经济实力和综合国力不断提升，国际地位不断提高，相比之下在国际上对自我形象的塑造成为短板。

在这样的情况下，讲好中国故事、传播中国话语、树立中国形象就成为中国摆脱当下在国际舆论、国际传播上被封锁局面的重要举措。而弘扬人类命运共同体中的文明交往观可以对树立良好中国形象产生积极影响。一是在社会交往的实践中，中国自身对文明交往观的践行有助于交往方了解真实的中国，树立良好中国形象。中国在全球治理中提出构建人类命运共同体的理念和方案，强调不同社会制度、不同意识形态、不同历史文化、不同发展水平的国家在国际事务中利益共生、权利共享、责任共担。这一行动展现了中国作为一个负责任大国的良好形象。二是文明交往观作为内蕴在人类命运共同体中的观念，其传播过程也是在国际舆论场上传递中国声音，表达中国态度，讲述中国所推崇的价值取向的过程，在这一过程中，可以提高中国的国际地位，树立良好的中国形象。三是区别于现行交往观，人类命运共同体中所蕴含的文明交往观蕴含全人类共同价值，更符合世界各国的共同利益，符合世界人民的根本利益和共同利益。弘扬文明交往观，推动构建人类命运共同体，有利于形成对于现行交往观的科学扬弃，进而在展现有效作为的基础上树立良好的中国形象。

3.2 弘扬人类命运共同体文明交往观对国际关系的积极意义

面对百年未有之大变局，世界需要新的价值导向以缓和当前的冲突对抗。文明交往观是对社会交往同向性维度的实践与发扬，对于中国自身和世界各国的国际关系朝着更合理方向发展有着积极作用。

文明交往观对中国自身的国际关系具有积极意义。在当前保护主义抬头，美国遏华思潮汹涌的态势面前，中美关系面临新的风险与挑战。作为世界上的两个大国，中美关系的发展将对全球政治经济格局产生深远影响。在这种背景下，中国践行文明交往观，积极面对问题、解决问题、化解分歧，不仅有利于化解风险，还能在国际舞台上展示中国的负责任大国形象，将危机转化为转机，为全球治理贡献中国智慧和中国方案。

文明交往观对世界各国的国际关系也具有积极意义。面对发展与动荡共同演进、战争与分裂仍然存在的世界格局，文明交往观的价值导向有助于协调国际关系。文明交往观作为人类命运共同体的内蕴观念，为复杂的国际关系问题提供了解决路径，推动国际秩序向着更加公正合理的方向发展。通过秉持文明交往观，积极构建人类命运共同体，世界各国能够在共同努力下推动全球治理体系变革，推动实现共同安全、共同繁荣。

文明交往观还强调尊重文化多样性和文明互鉴。在全球化深入发展的今天，不同文化和文明之间的交流与合作日益频繁。中国通过推动文明对话和文化交流，促进不同文化之间的相互理解和尊重，增强各国人民之间的友谊和信任。这种文明交往观的实践，不仅有助于增进各国之间的文化认同和情感联系，也为解决全球性问题提供了新的思路和方法。

践行文明交往观，中国不仅能够提升自身的国际形象和地位，还能够为构建一个更加公正、合理、和谐的国际秩序作出积极贡献。

3.3 弘扬人类命运共同体文明交往观对推进中国式现代化的现实意义

中国式现代化是走和平发展道路的现代化，这一路径不仅体现了中国对和平的珍视，也是对世界各国现代化共性的深刻理解和实践。弘扬文明交往观，推动各国充分把握共性，同时理解、尊重个性，进而推动世界各国的共同发展，这对于推动中国式现代化具有积极的现实意义。

首先，中国式现代化始终关注人类前途命运，以中国的新发展为世界提供新机遇。中国为想要快速实现现代化同时保持自身民族独立性的国家提供了中国智慧，促进了世界和平与发展、推动了人类文明进步，提供了人类文明新形态的新方案。中国式现代化本身就是国家维度践行文明交往观的典型案例，中国在发展自身的同时，大而不霸，实现了和平与发展的统一。

其次，弘扬文明交往观，推动文明交往观在中国式现代化的推进中，在人类命运共同体的构建中不断发扬光大，可争取到更多的国际认同与支持。中国式现代化不走西方殖民掠夺的老路，不走国强必霸的歪路，走的是和平发展的人间正道。通过这种方式，中国能够在人类文明新形态的高度上提升自身的国际地位，为世界共同繁荣作出积极贡献。

最后，中国式现代化在与世界各国的良好关系中推进，可实现中国自身与世界各国的共同繁荣与和平发展。中国的成功实践为其他发展中国家提供了全新选择，树立了典范。中国式现代化的实践，不仅推动了自身的发展，也为全球治理和国际合作提供了新的思路和方向，体现了中国对人类发展方向的独到见解，对于推动各国团结合作、共创人类美好未来具有重要意义。

中国式现代化的推进，不仅体现了中国对和平发展道路的坚持，也为全球提供了新的发展机遇和合作平台，展现了中国作为负责任大国的形象，为构建人类命运共同体贡献了中国智慧和中国力量。

参考文献

[1] 胡为雄 . 马克思的社会交往理论［J］. 教学与研究，2004（8）：39-45.

[2] 李包庚 . 世界普遍交往中的人类命运共同体［J］. 中国社会科学，2020（4）：4-26，204.

［3］刘勇，章钊铭．人类命运共同体理念对中华优秀传统文化的赓续和弘扬［J］．学术交流，2021（10）：5–14，191.
［4］林伯海．论全人类共同价值与人类命运共同体的辩证关系［J］．马克思主义研究，2021（11）：79–88，159.
［5］许士密．构建人类命运共同体的生成逻辑与历史意义——基于马克思世界历史理论的研究［J］. 大连理工大学学报（社会科学版），2022，43(3)：1–11.
［6］杨振闻．从“文明蒙尘”到“人类文明新形态”——中国式现代化道路的文明旨归［J］．求索，2022（1）：30–39.

网络思政研究

ChatGPT 应用于高校学风建设的进路与风险

艾雨池

摘　要： 高校学风建设是高校教育的基础，承载着教育强国的历史使命。从学术发展层面来看，高校在学风建设的长期实践中存在着学术重点不显、学术资源不足、学术支持有限、学术动力缺失等难点。ChatGPT 是当前人工智能领域的重大技术突破，发挥其在高校学风建设中的作用，对高校提供学术支持、拓宽学术平台、拓展学术资源、推动学术发展有着重要意义，但同时也可能会引发学术不公、学术不端和学术失信等风险。因此，需要规范 ChatGPT 的技术应用，实现人机协作、把握使用重心、构建多元评价，使其成为高校学风建设的可靠手段之一。

关键词： ChatGPT；学风建设；学术生态；人工智能；学术发展

人工智能（Artificial Intelligence，AI）的快速发展，已经在全球范围内给人们的工作和生活带来了巨大变化，甚至在一些行业产生了颠覆性的影响。随着人工智能在各个领域的广泛运用，数字教育的普及和建设已成为世界各国教育发展的重点任务，如何利用包括人工智能在内的各类信息技术提升教学水平、提高人才培养质量是当前教育创新发展的重要课题。党的二十大报告也明确指出要加快转型，“推进教育数字化”[1]。

作为人工智能技术的分支，基于大型语言模型（Large Language Model，

作者简介：艾雨池，女，江西抚州人，同济大学马克思主义学院 2024 级博士生研究生，主要研究方向为循环经济、生态文明教育。

LLM）进行深度学习和训练的聊天机器人ChatGPT（Chat Generative Pre-trained Transformer），因其强大的学习和信息整合能力，一经问世便引发热议。在短期的实践中，ChatGPT就已经在各行业的实际运用中展现出惊人的能力，其中也包括教育领域，例如它可以根据指令迅速撰写论文、创作诗歌、生成代码等。

ChatGPT会给教育领域带来什么影响，高校学生能否合理利用人工智能工具进行学习，使用此类工具对教育者、受教育者及教育关系的改变是什么，是现阶段教育工作者必须面对和回答的时代之问。换言之，ChatGPT在教育领域的应用是教育手段的升级还是另一种科技异化？这对高校学风建设是提升还是冲击？高校是否要借助此类工具实现信息化教育，又该如何规制？

为回应以上问题，本文试图从学术生态出发，探究ChatGPT应用于高校学风建设的可能性和风险点，并提出一条安全、积极的建设进路。

1　必然与内涵：数智化时代下"人—技"关系再审思

回溯古希腊时代，在工具和人工技艺组成的简单世界里，关于人与技术的关系反思从未缺席。传统哲学认为人与技术不能建立同一性关系，技术被视为实现人类目的的手段与方式，且自身并不具备充足的进化动力和独立的进化谱系。[2]尽管作为"形而下"的技术，很长一段时间里一直以工具功能显现在人类面前，但随着社会高速发展、技术兴起，人类似乎早已走出柏拉图《国家篇》中所说的"洞穴"，接受理性的洗礼；不过随后又走入了钢筋混凝土筑造的冰冷技术洞穴。

近代以来，技术与科学要素结合后，飞速充斥人类生活的各个角落，甚至成为资本实施非暴力统治的力量之一。马克思提出异化理论，指出"物的世界的增值同人的世界的贬值成正比"[3]，正是对技术不再只是实现目的的手段，而是凌驾于人之上的异化现象的准确描述。而后，海德格尔也警示人类，若深陷技术的座架之中，人类将无法摆脱对技术的依赖，人的思维方式也将受到技术的侵扰，从而无法按照自由意志行事，成为座架支配下的工具。[4]在技术并未为人解蔽而是带来更深遮蔽时，它似乎反而成为悬在人头顶的"达摩克利斯之剑"。于是，我们要重新审视人类与技术的关系。

斯蒂格勒提出，技术是人的存在方式，人不可能离开技术而活。[5]在人工智能时代，技术的浪潮似席卷得比以往任何时候都更加猛烈。以高等教育为例，数字技术、机器学习、交互设计、生成式人工智能等新兴数字技术为师生提供了诸多便利，但知识风险、价值取向、隐私安全等教育风险也随之而来。由此可见，现代社会里人与技术的关系不再是传统主客体二元论定义的主体对客体绝对占有与支配，抑或是客体对主体压倒式的反作用与威胁，而是在多种客观因素作用下，处于多元关系网络之中的二者之间互动、作用的结果。[6]

数智化背景下，重新审思“人—技”关系，从限制和引导两个方面引导人与技术积极互构、互建，对人回归其本质、技术走向新方向起着至关重要的作用。

2　背景与问题：新时代高校学风建设的实践难点

党的二十大报告中强调“教育、科技、人才是全面建设社会主义现代化国家的基础性、战略性支撑”[1]，在战略层面上，教育、科技与人才并举是有其内在逻辑的。只有落实高质量教育、深化科技创新，才能实现“聚天下英才而用之”。

习近平总书记在全国高校思想政治工作会议上指出，“高校立身之本在于立德树人”。[7]学风是指学生的学习风气，是一种氛围、一种群体行为，是学生在学习、生活、纪律等方面综合风貌的集中体现。[8]学风建设是高校教育的重要组成部分，关系到高校“培养什么人、怎样培养人、为谁培养人”[1]这一根本问题，更是直接影响着高校人才培养和教育发展。因此，学风建设是高校教育工作的题中之义，也是实现教育强国战略的关键所在。

“数字技术正以新理念、新业态、新模式全面融入人类经济、政治、文化、社会、生态文明建设各领域和全过程，给人类生产生活带来广泛而深刻的影响”[9]。随着全球信息化和网络媒体的快速发展，学生获取信息的渠道和方式呈现出多元化的趋势。尤其是“Z世代”的学生们对新技术的适应、掌握速度异常迅速，这使得高校教育的传统体系不断受到考验，新时代下高校的学风建设也不断暴露出新情况、新问题。学术发展是学风建设的关键一环，在长期实践中存在以下难点。

2.1 学术重点不显

以体育类院校为例，虽然也有学科生源，但整体的生源向具有运动技能和体育特长的学生倾斜，这就导致学校更重视学生的运动技能发展，因而课程学习中配套实践训练的占比较大、理论课程较少，在实践教学的过程中以动作技术的习得为主，以底层逻辑和运动原理的解释为辅，这可能会导致学生重实践、轻理论，从而对学术的基本概念理解不够清晰。在近年教学理论不断创新发展的过程中，高校也逐渐重视理论研究，但在课程设置上可能仍缺乏深度，多样性也不够，学生接受全面教育的程度有限，难以获得对学术研究的全面认识，更谈不上兴趣，从而缺乏学术研究重点。

课程体系由于存在必修课环节过多、选修课种类不足、课程内容较为浅显等问题，难以培养学生独立科研能力；学生在面对复杂的学术问题时，无法从理论层面进行自主思考和深入分析。此外，学生对学术研究的方法论和研究思路也缺乏了解，其学术视野和创新能力受限，难以取得突破性成果。同时，教师在授课过程中也可能过于强调实践技能的传授，使得学生在学习过程中缺乏对理论知识的深入理解，无法将理论与实践有效结合。教师与学生之间的相互影响，进一步加剧了学术重点不显的问题。

2.2 学术资源不足

从理论层面来讲，普通高校在项目孵化、深度研究上的资金和资源都较为紧张。例如在图书馆、学术期刊和研究数据库方面，学校通常只订阅重点学科领域相关资料，这就限制了师生获取其他研究领域文献的途径，从而形成了理论壁垒。长此以往，师生容易被“信息茧房”束缚，学术创新力难以有效发展。

在实践层面，有限的资金优先保障学校重点专业的发展，导致缺少开展其他研究所需的先进设备。设备和技术的限制，将制约研究范围和成果质量。例如在运动生理学、运动解剖学等需要高精度仪器设备支持的研究领域，缺乏先进实验设备将会严重影响研究的深度和广度。此外，部分艺体类高校的专业特点鲜明，与其他综合类学校和机构建立学术合作存在一定难度，限制了联合研究项目的开展和学术交流的广度，进一步削弱了学术资源的丰富性和多样性。

学术资源不足还体现在国际学术交流方面。当前，在国际学术交融的大背景下，保持和加强国际学术合作对学术发展和创新尤为重要。然而，由于资金、人力和专业等限制，部分专业型院校参与国际学术会议和交流机会较之综合类院校少，其师生难以及时了解国际前沿研究动态，无法与国际同行进行多层次、多维度的交流合作，这将影响其学术水平的提升。

2.3 学术支持有限

学术支持有限也是高校学风建设亟待解决的问题。学生在学习过程中虽然能够寻求教师的帮助，从而获得专业知识方面的内容，但是整体来看，他们可能无法获得能提供系统性课程规划和学术目标指导的专业化顾问支持。学校提供的学术辅导及学术咨询服务有限，学生在应对超出专业领域的特定学术挑战时，就缺乏批判性思维、研究技能学习和时间管理等方面的学术支持。

这种学术支持的缺位，会影响学生自身整体学业发展。例如学生在进行学术研究时，可能遇到选择困难、研究方法不当、数据分析能力不足等实际困难，如若无法获得及时有效的指导和帮助，容易产生学术挫败感，进而丧失科研热情。又譬如，学术写作技巧的欠缺也会深刻影响学生的科研成果表达，如学生未接受系统、完备的学术写作训练，将对成果展示和交流产生直接影响。

学术支持有限还体现在缺乏良好的学术氛围和学术文化。一方面，部分单项类院校如体育类高校学生对实践类活动热情高于研究类活动，导致理论活动举办比例下降；另一方面，学术讲座、研讨会和学术交流活动举办困难又难以吸引目标学生群体，使得学生难以受到积极影响，继而形成恶性循环。

2.4 学术动力缺失

随着高校扩招，学生入学人数不断攀升，也给高校学习管理带来了巨大的挑战。学生自学是高校学习的主要形式之一，能否拥有较强的学习主动性和积极性，影响着学生的学习效果。在实际的学习生活中，由于课堂体量较大、各科研组导师指导人数较多，传统的教学授课方法已经无法满足学生需求。学生中普遍存在着自制力较差、学习动力较低、自我管理不佳等问题，具体表现为迟到旷课、糊弄作业、拼凑报告甚至“代笔”论文等不良行为。学生学习功利化倾向严重、对学术诚信意识淡薄等问题亟待解决。

学术动力缺失还与学生的职业规划和价值观有着密切联系。受到经济实用主义影响，部分高校师生对科研价值和学术目标产生动摇，缺乏勤恳踏实的吃苦精神，难以潜心学习，而是过分追逐成绩和利益，这对学风建设产生了一定消极影响。以体育学为例，传统的竞技体育人才将体育技能的提升和运动成绩的获取视为圭臬，忽略理论学习和学术素养的培养。这种功利化的思维模式导致他们在学习过程中缺乏主动性和积极性。此外，社会对人才的认知和评价也直接影响着学生的学术动力，其中对成绩的评价导向对师生的学术动力也会在一定程度上产生消解。

对目前高校学风问题进一步分析，可以发现上述问题之间存在着内在联系和理论逻辑。学术重点不显使得学生在学习过程中缺乏明确方向和目标，难以培养学习研究的热情，对学术活动的投入自然降低，导致学术动力缺失；学术资源的不足和学术支持的有限，可能导致学生堆积不良情绪进而对学习活动产生抵触和排斥，甚至可能导致学生在进行学术活动时缺乏正确的价值观和行为规范。

在新时代教育背景下，探究如何破解这些难题，提升高校学术水平，培养高素质人才，探索ChatGPT学风建设应用的价值和困境，对助力高校数字化教育转型、营造良好学风有着深远的理论和实践意义。

3　机遇与风险：ChatGPT对学风建设的变革及现实困境

不可避免地，ChatGPT在国内外教育领域中的应用已初露头角，但其背后所暴露的伦理问题引起了众多学者的担忧。2023年1月国际机器学习会议已明令禁止作者使用ChatGPT进行论文创作，也有不少海外高校陆续禁用该工具。

在国内，不少学者就ChatGPT可能给教育带来的问题展开了极具深思的讨论。在人工智能技术介入教育的背景下，王佑镁等表示，“教育工作者有必要积极地拥抱生成式人工智能技术，尽可能使用人工智能推进创新”[10]；焦建利也在《ChatGPT：学校教育的朋友还是敌人？》一文中提出，“如果以正确的方式使用，ChatGPT可以成为课堂上和学校里一个了不起的创造力工具，而非令人恐惧的事物。它会成为学校教育的朋友，而不是敌人”[11]；而高奇琦等指出，“以 ChatGPT 为代表的通用大模型正在对教育领域产生深远影响，但它蕴含巨大的破坏性效应，将给教育带来紧迫的异化危机”[12]。由此可见，将 ChatGPT 应用在高校学风建设中，将是一个机遇与风险并存的命题，主要体现在以下几个方面。

3.1 个性化学习与学术不公并存

ChatGPT 打破了传统的工具模式，转搜索为对话。对话在教育的过程中有着至关重要的作用。古希腊哲学家苏格拉底如今被广泛认可的“助产术”即通过对话、引导让人在思考中获得信息。柏拉图的《对话录》、孔子的《论语》等伟大作品也都是以对话的形式呈现的。20 世纪德国哲学家海德格尔也曾指出，人根植于语言，而语言唯发生在对话中。而 ChatGPT 区别于其他智能工具的显著特点，正是其对话式的交互方式。

在这样一个强大的工具面前，学生无疑拥有了一个属于自己的全天候人工智能顾问。对于上文所提到的高校学风建设中存在的咨询和顾问类服务不足的情况，ChatGPT 似乎提供了一个有力的针对性回答。学生可以通过 ChatGPT 进行多轮咨询，快速获得较为客观、准确的回答，从而协助自身的学业规划、学术发展，解答其他领域方面的学术困惑。根据对人工智能与学风建设状况的调查①，46% 的学生认为将 ChatGPT 引入学习中对于学习的机动性有很大的提升，学习的场域和时空可以不受限制，拥有更多的随机性、随时性。还有 24% 的学生提到，理论基础较为薄弱的体育类专业学生也能在其帮助下了解学科基础知识，抓住学科研究重点、提高学习效率。

然而这种个性化的学习也可能带来学术不公的问题。从受教育主体来看，虽然 ChatGPT 的学习能力极强，语料库的覆盖范围广且标注层次深入，但是其终端仍由开发公司控制。在内化价值取向和内容倾向上，开发公司具有强

---

① 本次调查采用线上匿名问卷形式在上海体育大学分层次、分学段、分学院展开，问卷共设计 20 道题目，紧密围绕 ChatGPT 在高校学习中的应用情况展开。共计回收有效问卷 427 份，其中男生 211 人（49.4%），女生 216 人（50.6%）；专科生占比 1.9%，本科生占比 67%，硕士研究生占比 26%，博士研究生占比 5.1%；参与的学生来自工学、文学、理学、教育学、医学、管理学、艺术学等一级学科。在数据分析方法上，采用描述性统计分析对受访者的性别、学段、学科背景等基本人口学变量进行频数和比例统计；对开放式或选择式的意见反馈内容进行归类整理与主题提炼，进而构建反映学生态度的分析框架。

大的话语权，而受教育者始终处于被动接受的弱势地位。换言之，教育人工智能具有潜在伦理风险，并没有一套算法可以确保它不会跨越伦理边界。教育人工智能只能够保证教育领域的算法之“真”，而对于教育领域的“善”与“美”等抽象性价值是无能为力的。[13] 长此以往这种关系可能演变成技术霸权，颠倒人机地位，使得受教育者无法获得话语权。

从师生关系来看，ChatGPT 的广泛应用也可能消解师生关系，削弱教师的主体地位。具有深度学习能力的 ChatGPT 颠覆了以往的教育生态，使得传统的人与人之间的关系转变为“人—机”甚至“人—机—人”的关系。学生可以借助 ChatGPT 进行自主学习，降低对教师的依赖，从而导致师生关系弱化，教学互动减少，教师和学生都变成了“可量化数据”。教师作为知识的传授者和引导者，其部分作用可能被取代，这将对教育的均衡发展和教学质量保障提出新挑战。

从社会受众来看，部分国家和地区由于政策、技术或经济等原因，无法使用 ChatGPT。即使在允许使用的区域，也有大量无法掌握该技术的人群。问卷调查显示，有 89% 的学生从未使用过 ChatGPT，7% 的学生从未听闻过该工具，只有 4% 的学生使用过。这意味着，在信息收集、整合、利用的环节上，不使用该工具的学生天然地处在天平的失衡端，无法获得相同的教育资源和技术，因而形成一种隐蔽的学术不公现象。这种数字鸿沟可能会进一步加剧教育资源分配的不均衡，影响教育公平。

3.2 创造性劳动与学术不端共存

目前 ChatGPT 已发展至 4o 版本，其链接的数据从时间跨度到领域广度和研究深度都进入了更为“完美”的状态。利用 ChatGPT 进行某一研究主题的文献综述极为便捷。它不仅可以快速整理相关文献，还能帮助完成摘要、实验设计、大纲和初稿的撰写，打破学术资源不足的瓶颈。对于部分跨学科进行研究的学生来说，这无疑是一条获取其他学科基础知识的捷径。例如体育类院校中设置的运动康复专业，可以借助此类工具拓宽基础医学知识，有效与人体科学、运动科学相结合，推动产出跨学科创新型成果。

人的劳动分为创造性劳动和非创造性劳动，而人的全面发展往往由创造性劳动所决定。减少非创造性劳动对于学生提高学习动力和积极性具有一定帮助。在 ChatGPT 承担诸多非创造性劳动的基础上，学生便拥有了更多进行创造性劳动的时间和空间，这对推进高校“五育并举”、提升人才培养质量、实现学生全面发展有着积极作用。

但在 ChatGPT 介入学术生产的过程中，也存在着学术不端的风险。在人工智能伦理尚未完全成熟的情况下，过度使用这类工具开展学术工作，可能会面临个人数据甚至国家数据的泄露，造成严重的学术事故和信息安全问题。更为严峻的是，学生可能直接将 ChatGPT 生成的文本作为自己的作品，此类学术不端的行为，会影响教育和学术生态。另外一个更难解决的问题是，ChatGPT 利用反馈学习获得用户思想内容后，再面向其他用户进行二次创作，可能也涉嫌剽窃先前使用者的思想。不具备学术主体性的 ChatGPT 通过原创问题极大冲击了学术不端中违背学术伦理的概念内涵。[14]

在借鉴或使用 ChatGPT 生成的文本这一行为上，学者们有着不同意见。有的学者认为，“ChatGPT 能够生成极具说服力且复杂的文本，因此，学生可能会使用该模型制作本不属于自身的作品，将导致抄袭、剽窃等行为的出现，进而影响教育和学术生态”[15]；也有学者指出，它完成的这一系列生产工作“或可引导我们肯定 ChatGPT 助推学校教育数字化转型的潜能”[16]。学生在这样的学术生产环境中，个人学习能力是否会变弱？学术不端的边界是否被扩大？这些都是必须深入思考和警惕的问题。

值得注意的是，过度依赖 ChatGPT 等人工智能工具，可能会削弱学生的自主思考和创新能力。当知识可以通过简单对话形式在数秒内获得时，他们可能倾向于依赖工具完成学术任务，而非主动参与研究和学习过程。久而久之，对 ChatGPT 带来的“知识便利”习惯后，学生难以对知识来源和知识本身进行批判性审视。[17]这将对学生的学习习惯、学术素养和创造力产生负面影响，不利于人才的培养和发展。

3.3 多元化评价与学术失信同在

ChatGPT 不仅能在知识服务和学术生产环节提供高质量帮助，在学术多元化评价方面也能贡献智慧。学习过程中，学生可以使用 ChatGPT 的学术支持服务——ChatGPT 能够对标作业或者学术期刊要求，对学生所创作的内容进行审核和修改，协助学生组织语言、检查语法、修订表达、优化布局，以提升学习质量；同样地，教师使用 ChatGPT 对学生作业进行审查，能够创新评价尺度，解决评议速度慢、时间成本高等问题，还可以实现立体数据获取、精准诊断分析、高质量评价反馈[18]，辅助学术评价决策。

从评价的维度来看，ChatGPT 的评价体系运行依赖着数据指标，对于定量学术研究存在数据偏好。例如引入实验研究数据的运动训练研究和人体科学研究在期刊影响因子、被引量、下载量等评价指标上，比体育产业管理、体育教育类等社科文章更有优势。然而对于学术作品而言，量化指标仅是一个维度，无法全面反映作品的学术价值和创新性，也无法将专家的主观意见和学术洞察纳入评价模型。[19]

作为存在主义哲学和人文主义技术哲学代表的海德格尔，提出技术是“一种解蔽方式”，解蔽的领域即是“真理之领域”[20]。然而当人类依赖解蔽方式进行解蔽时，只会使其本质更加遮蔽而无法达到解蔽领域。同样地，当 ChatGPT 逐步发挥评价主体作用时，可能会出现技术人员成为学术生态中关键人物的情况，专家学者的权威性因此被不断弱化，学生的学术信心也随之降低，评价体系无法发挥其功能。学生在这样的评价体系中也容易深陷轻视学术的泥淖，一味追逐技术指标从而忽视学术研究的实质和深层价值。过分依赖人工智能进行学术评价无疑会陷入另一种单一化和机械化的评价体系，忽略学术研究的创新性、独特性和思想性。

4　规范与进路：ChatGPT 助力高校学风建设的突破进路

营造积极、创新、健康的学术生态是高校学风建设的重要任务之一，同时其成效也是检验高校人才培养成果和科研创新能力的关键抓手。从学术生态视角入手，探索 ChatGPT 在高校学风建设中的应用，既契合新时代教育数字化转型的内在要求，也为构建开放、智能、协同的学风环境提供了行之有效的实践路径，具有理论可行性和现实必要性。

4.1　构建规则，引导学术规范

随着 ChatGPT 更多应用于学校教育，学者和相关工作者对其带来的伦理问题愈发关注。将 ChatGPT 应用于高校建设有着较为宽广的前景，但其“超计算”的大数据能力亟须系统性、整体性、规范性的制度进行约束和引导，从而在“使用—监督—反馈”三级过程中保证信息隐私、算法认知和学术成果等安全、正确、有效。

一方面，在数据风险不断上升的现实基础上，应根据国家数据安全相关法律条例，结合学校实际建立数据分类分级制度。具体而言，应明确数据的敏感程度和保护等级，制定相应管理办法和操作流程，从而实现对ChatGPT模型的有效制约。从监管层面来看，学校管理者运用该类工具进行学风建设的过程中，作为监管者和把关者，需要前置责任制度，重视学校至学生个人的数据保护，并且在落实使用前，应组织开展说明提示会，说明工具功能、使用方法、潜在风险和注意事项。在使用过程中，建立完整的使用记录和监控机制，营造良好的合作氛围，在问题出现后及时处理、公平裁决。

另一方面，学校也要制定相应的检测工作管理公约，通过进一步加强学术不端问责机制，配套健全的追责链，规范师生使用此类工具的场景和途径，正向引导使用者捍卫学术道德，恪守学术诚信原则，杜绝学术剽窃或抄袭等不良行为。此外，还可以通过监控ChatGPT在学术环境的使用情况，反向监测作弊或学术不端行为。

4.2 人机协作，拓展学术资源

教育不是简单的指尖输入、输出，而是灵魂与心灵的对话，要明确安顿人的身心是技术难以实现的。教师作为直面学生的一线教学人员，是学风建设的关键性力量。在ChatGPT应用于高校学风建设时，教师面临着从“在场”到“退场”的风险，因此实现人机协作，充分发挥人工智能工具优势，推进学风建设，是调节师生关系、提升学风的关键所在。

首先，教师要明确对标高校学生对学术资源的迫切需求，及时学习、掌握并使用ChatGPT工具，合理、安全、有效地建立人工智能与教学的边界，将其正确应用于教学和评价，发挥ChatGPT在资料搜集、基础写作和信息反馈中的优势，辅助教学过程。其次，应在教学中培养学生批判性研究思维，引导学生辨别信息真伪，鼓励学生提出独立见解，帮助学生打破理论边界，拓宽学生学习眼界。再次，在应用ChatGPT进行教学研究的过程中，教师要具备一定前瞻性，主动变化和思考，要从“灌输式教育”自觉转向“对话式教育”，在主动运用ChatGPT的过程中深入与学生沟通与互动，增强教学针对性和实效性，实现教学变革，重新定义师生关系，构建平等、合作的师生学习共同体。最后，教师也可以在 ChatGPT 的辅助下，根据不同学生群体和个体需求，制定个性化学习计划，使学生能够找准发展重点，提升内在学习动力，实现全面发展。

4.3 把握重心，提供学术支持

学生作为高校学风建设的主体，其行为导向对学校整体学风的形成和发展起着重要的推动作用。同时，学生也是人工智能工具的使用主体之一，因此建立正确的价值观、使用观，是高校形成优良学风的有效方法。

ChatGPT 的出现使得基础教育和技能愈发重要，学生要在基础知识和认知的基础上不断提升核心竞争力即创造力。人工智能时代，学生能迅速获取学科知识，然而依靠 ChatGPT 类工具在学习发展过程中进行批判性思考和提出创造性思路，成为更高效、更负责、更具能力的全能型人才是当下的重点。技术本身没有价值取向，归根结底只是合乎人的目的性的存在[11]。ChatGPT 在学风建设中的益处和弊端权衡在于使用者本身及其方式方法。因此，作为学风建设的参与者、建设者，学生建立科学合理的科技观，练习和提高对人工智能类工具的应用，将直接影响高校学风建设的成果。端正学术态度、抵制不端诱惑，把握学术重点、拒绝肤浅思考，利用 ChatGPT 扩大基础知识横截面，提高基础科研效率，而非简单地将其视作生产引擎，是高校学生投身学风建设的必由之路。

4.4 合理评价，促进学术发展

目前高校的评价体系主要以科研成果为导向，虽然国家针对学术评价改革提出“破五唯”要求，贯穿高校成效评价全方位和全过程，但学术成果依旧是高校评价的重要指标之一。高校师生普遍面临着“发文难”“考核难”的问题，这也严重影响着他们的学术积极性和学科持续、稳定、健康发展。

ChatGPT 在写作方面的巨大优势意味着“灌水”类文章将大幅被挤压，一方面可以使论文指标逐步转向质量和创新性标准，督促师生学者不断提升文章质量、精进论文水平；另一方面，也可借助其强大的整合能力，综合各类评价平台指标，尽快建立高效、灵活、准确的研究成果同行评议机制，打造公开、创新、透明的学术评价渠道，改善学术评价环境，提高学术评价公平性，进而从根本上解决“五唯”问题，提振师生学术信心，促进高校乃至社会学术发展和服务效益。

5 结语

在ChatGPT被问到其对高校学风建设有什么影响时，它回答道：“ChatGPT本体对学风建设没有直接的影响。不过，聊天机器人可以被用来做一个有益的工具来支持学风建设。”事实证明，将ChatGPT置于合法、合理的框架内，以辩证、包容的理念使用它，能够使其成为高校教育的重要手段之一。ChatGPT作为人工智能领域具有重大转折意义的产品，在高校学风建设方面的应用是不可避免的趋势。唯有积极拥抱它，从制度规范、人机协作、合理利用和综合评价等方面加以规制和统筹，才能助力高校学风建设健康、有序发展。

参考文献

[1] 习近平．高举中国特色社会主义伟大旗帜 为全面建设社会主义现代化国家而团结奋斗——在中国共产党第二十次全国代表大会上的报告［R］．中华人民共和国国务院公报，2022（30）：4–27.

[2] 韦恩远，肖菊梅．数字化生存的全景遮蔽与教育应对——柏拉图“洞穴之喻”之省思［J］．开放教育研究，2023，29（1）：37–45. DOI：10.13966/j.cnki.kfjyyj.2023.01.004.

[3] 马克思．1844年经济学哲学手稿［M］．中共中央马克思恩格斯列宁斯大林著作编译局，译．北京：人民出版社，2018.

[4] 海德格尔．演讲与论文集［M］．孙周兴，译．北京：生活·读书·新知三联书店，2005.

[5] 斯蒂格勒．技术与时间：爱比米修斯的过失［M］．裴程，译．南京：译林出版社，2012.

[6] 蒋晓丽，贾瑞琪．论人工智能时代技术与人的互构与互驯——基于海德格尔技术哲学观的考察［J］．西南民族大学学报（人文社科版），2018，39（4）：130–135.

［7］房广顺，李鸿凯．推进以立德树人为中心的思想政治教育融合发展——学习习近平总书记在全国高校思想政治工作会议上的重要讲话［J］．思想教育研究，2017（2）：12–16.

［8］祁化成，胥开芳．论加强学风建设，促进学生全面发展［J］．学理论，2009（31）：242–243.

［9］新华网．习近平向2021年世界互联网大会乌镇峰会致贺信［EB/OL］．［2021–09–26］．http：//www.news.cn/politics/leaders/2021–09/26/c_1127903074.htm.

［10］王佑镁，王旦，梁炜怡，等．ChatGPT教育应用的伦理风险与规避进路［J］．开放教育研究，2023，29（2）：26–35. DOI：10.13966/j.cnki.kfjyyj.2023.02.004.

［11］焦建利．ChatGPT：学校教育的朋友还是敌人？［J］．现代教育技术，2023，33（4）：5–15.

［12］高奇琦，严文锋．知识革命还是教育异化？ChatGPT与教育的未来［J］．新疆师范大学学报（哲学社会科学版），2023，44（5）：102–112，2.

［13］钟秉林，尚俊杰，王建华，等．ChatGPT对教育的挑战（笔谈）［J］．重庆高教研究，2023，11（3）：3–25. DOI：10.15998/j.cnki.issn1673–8012.2023.03.001.

［14］王少．ChatGPT与学术不端治理：挑战与应对［J］．科技进步与对策，2023，40（23）：103–110.

［15］令小雄，王鼎民，袁健．ChatGPT爆火后关于科技伦理及学术伦理的冷思考［J］．新疆师范大学学报（哲学社会科学版），2023，44（4）：123–136. DOI：10.14100/j.cnki.65–1039/g4.20230213.001.

［16］焦建利．ChatGPT助推学校教育数字化转型——人工智能时代学什么与怎么教［J］．中国远程教育，2023，43（4）：16–23. DOI：10.13541/j.cnki.chinade.20230226.001.

［17］沈超．ChatGPT：助力高等教育变革与创新型人才培养［J］．国家教育行政学院学报，2023，（3）：13–16.

［18］闫志明，朱友良，刘方媛．新一代信息技术支撑的教育评价：价值诉求、现实问题与建设进路［J］．现代教育技术，2022，32（11）：34–41.

［19］骆飞，马雨璇．人工智能生成内容（AIGC）对学术生态的影响与应

对——基于 ChatGPT 的讨论与分析［J/OL］. 现代教育技术：，2023（6）1–12［2023–04–26］. http：//kns.cnki.net/kcms/detail/11.4525.n.20230322.1635.002.html.

［20］刘磊，刘瑞 . 人工智能时代的教师角色转变：困境与突围——基于海德格尔技术哲学视角［J］. 开放教育研究，2020，26（3）：44–50. DOI：10.13966/j.cnki.kfjyyj.2020.03.005.

短视频“泛娱乐化”对中小学生思政教育的消极影响及应对策略

——基于大众文化批判理论的视角

郭洋瑜

摘　要：本文聚焦短视频“泛娱乐化”对中小学生思政教育的负面影响，在基于大众文化批判理论分析内在机理后提出应对策略。短视频“泛娱乐化”对中小学生思政教育产生负面影响，包括阻碍社会主义核心价值观形成及培养、消解历史教育严肃性、歪曲和弱化中国革命传统教育。本文创新性地探讨了短视频与中小学生思政教育的关系，揭示了“泛娱乐化”对主流意识形态的冲击和个体主体性的消解，并针对性地提出了学校、家庭、社会三方合力构建思政教育网络，推进平台规范化，创新思政教育方式的应对策略。这些策略不仅在一定程度上可以推进大中小思政一体化建设，而且对于培养社会主义事业的合格建设者和可靠接班人具有一定意义。

关键词：“泛娱乐化”；思政教育；大众文化批判；中小学生；短视频

1　问题的提出

短视频“泛娱乐化”现象是指在短视频平台上，娱乐内容的过度充斥导致社会普遍以娱乐为价值衡量标准的现象。这种现象表现为内容质量的低俗

作者简介：郭洋瑜，男，浙江杭州人，同济大学马克思主义学院 2024 级硕士研究生，主要研究方向为马克思主义中国化。

化和创意的同质化，对主流价值观产生了冲击，并对青少年的思想政治教育带来了负面影响。[1] 对西安交通大学历年发布的社会思潮新媒体传播影响力报告进行分析，可以发现自 2019 年起，“泛娱乐化”已成为全国十大社会思潮之一，显示出对其深入分析和应对具有紧迫性。共青团中央于 2023 年发布的第 5 次全国未成年人互联网使用情况调查报告数据显示，未成年网民总体规模达到 1.93 亿人，其中拥有个人设备的比例达到 87.0%。55.9% 的未成年网民频繁使用短视频软件，用户规模超过 1 亿人，互联网使用呈现低龄化趋势，小学互联网普及率达 95.1%。[2] 截至 2024 年 10 月末，在中国知网以“泛娱乐化”为检索词，针对思政和教育学科的期刊论文进行检索，共获得 335 篇相关文献。在这些文献中，关注大学生对“泛娱乐化”现象的应对机制的研究占比达 52.5%，达到 176 篇。这一数据反映了当前学者针对“泛娱乐化”对大学生群体的影响及其对策给予了较多关注。相较之下，针对中小学生，尤其是那些互联网使用经验较为有限的年轻群体的研究则较少。在大中小学思政一体化的背景下，分析短视频“泛娱乐化”对中小学生的影响，并探讨应对方案，具有一定的研究价值，对于培养社会主义事业的建设者和接班人较为重要。

本文从大众文化批判理论的角度出发，采用定性分析和理论探讨的方法，研究了短视频“泛娱乐化”现象及其对中小学生思政教育的影响。研究发现，短视频“泛娱乐化”不仅阻碍了社会主义核心价值观的形成，消解了历史教育的严肃性，还歪曲了革命传统教育。这一研究对于理解和应对短视频对中小学生价值观塑造的挑战具有一定意义，为构建积极多样的中小学思政课程提供了一定的理论支持和实践指导。

2 短视频“泛娱乐化”影响中小学生思政教育的逻辑联系基础

2.1 认知发展与价值观形成的关键期

思政教育的效果不仅取决于课堂内的教学，也受到学生日常接触信息内容的影响[3]，而“泛娱乐化”内容的盛行正是这一教育过程中的一大干扰因素。在探讨短视频“泛娱乐化”对中小学生思政教育影响的过程中，我们必须首先认识到中小学生正处于一个极为关键的成长阶段。在这个阶段，他们的认知能力、道德观念以及价值观都在迅速发展和形成。这个时期的经验，无论是正面的还是负面的，都将对他们的未来发展产生深远的影响。[4]因此，他们所接触的信息内容，尤其是作为当前主要消遣娱乐方式的短视频平台上的内容，对他们的价值观和世界观的塑造起着至关重要的作用。

2.2 信息处理能力与媒介素养的培养

思政教育强调培养学生的批判性思维和媒介素养[5]，而“泛娱乐化”内容的广泛传播可能会阻碍这一过程，使学生在面对复杂信息时更容易受到误导。在数字化时代，信息的海量涌现和快速传播对每个人都提出了新的挑战，尤其是对处于成长关键阶段的中小学生。他们的大脑和认知结构仍在发展之中，对信息的筛选、处理和评估能力相对薄弱。短视频作为一种新兴的媒体形式，以其直观、快速和娱乐性强的特点迅速抓住了青少年的注意力。然而，这些短视频为追求点击率和用户黏性，制作的内容往往轻浮、浅薄，甚至包含错误或有害的信息。中小学生可能因此而逐渐失去辨别信息真伪的敏感度，变得容易接受未经证实的信息，甚至对错误信息信以为真。

2.3 社会文化环境与教育生态的构建

社会文化环境对个体的价值观和行为模式有着深刻的塑造作用。[6]个体从出生开始就不断地从周围的社会文化环境中吸收信息，并逐渐将这些信息内化为个体的行为准则和价值判断。而“泛娱乐化”内容的流行可能会破坏这一环境，因为它提供了一种与主流价值观不一致的信息和行为模式。这种破坏不仅会影响思政教育的实施，还可能削弱思政教育的效果。当社会文化环境被“泛娱乐化”内容主导时，思政教育将面临巨大的挑战。“泛娱乐化”内容往往强调即时满足和表面效果，这与思政教育中强调的长远规划、深度思考和道德责任相悖。若不加以应对，学生可能会逐渐丧失对社会主流价值观的认同，对思政教育的内容产生怀疑甚至抵触。

3 短视频“泛娱乐化”对中小学生思政的消极影响表现

中小学教育作为人生教育的基石，其思政教育是整个教育体系中至关重要的起点。这一阶段的稳定性和扎实性，无疑将对未来的思政教育成效产生深远的影响。然而近年有不少未成年因盲目模仿、沉迷短视频，形成错误价值观，例如在2022年安徽省宿州市的中学生陈某在采访中表示，成为网红比读书强得多，因为网红没读过什么书却能赚很多钱；2019年8月，山东枣庄女孩因模仿做爆米花的视频在操作过程中发生爆燃，导致两人烧伤；2018年5月，陕西西安一名8岁的男童因模仿某整人视频，导致6岁的弟弟绊倒摔伤严重。中国青少年研究中心发布的《未成年人短视频青少年模式使用研究报告》显示，使用过短视频的未成年人达70.8%。[7]短视频“泛娱乐化”现象对中小学生思政教育的影响是多方面的，具体表现在阻碍社会主义核心价值观的形成及培养，消解革命、建设和改革开放历史教育的严肃性以及歪曲和弱化中国革命传统教育这三方面。

3.1 阻碍社会主义核心价值观的形成及培养

社会主义核心价值观，作为当代中国精神的核心体现，凝聚了全体中国人民的共同价值追求。其基本内容包括“三个倡导”，即倡导富强、民主、文明、和谐，倡导自由、平等、公正、法治，倡导爱国、敬业、诚信、友善。这一价值观既体现了社会主义的本质要求，也是中华文化与世界其他优秀文化的结晶。不仅涵盖了国家层面的价值目标，也包括了社会层面的价值取向和公民个人层面的价值准则，为中小学生的健康成长提供了正确的导向。

然而，短视频领域的“泛娱乐化”现象显著阻碍了对社会主义核心价值观的塑造与培养。该现象以消费主义和享乐主义为核心，通过互联网平台传播，过分迎合低俗的需求，导致了一系列消极影响。从一方面来说，短视频平台上内容良莠不齐，尤其是猎奇、刺激、低俗和“泛娱乐化”的内容泛滥，使得中小学生难以接触到正面的价值引导的内容，影响了他们对社会主义核心价值观的认同和实践。[8]另一方面，短视频的感官化、同质化和浅显化，使得中小学生在接触信息时不需思考即可获得愉悦感，这种非理性的过度娱乐不仅阻碍了个人发展，也消解了社会主义核心价值观的影响。短视频平台的算法推荐机制进一步加剧了这一问题，使中小学生陷入“信息茧房”，限制了他们的知识广度和视野，影响了他们对社会主流价值观的认同和社会责任感。

同时，部分短视频通过戏剧化的滥情表演和浅显空洞的内容来麻痹人们的紧张神经，这种一味追求片面化、冲击性、刺激性的行为，最终会影响受众的思维习惯，侵蚀个人的辩证思考能力，而辩证思考能力是学习马克思主义的前提条件。[9] 同时，短视频平台兴起的“潮言潮语”充斥了中小学生的日常生活行为，弱化了中小学生的语言思维能力，对社会主义主流文化的建设与发展构成了一定冲击。

3.2 消解革命、建设和改革开放历史教育的严肃性

革命、建设和改革开放历史教育是指对国家历史上重要时期和事件的教育，它是思政教育中的重要组成部分。[10] 这种教育涵盖了革命时期的奋斗历程、建设时期的国家发展以及改革开放以来的社会变迁。这种教育之所以是严肃的，是因为它不仅涉及对历史事件的准确理解和记忆，而且关系国家认同、民族精神的塑造以及社会主流价值观的传承。它能够帮助中小学生建立起对国家历史的尊重、对英雄的崇敬以及对国家未来的责任感，是培养中小学生爱国情感和历史责任感的重要途径。

短视频“泛娱乐化”现象消解了这种严肃性。首先，短视频平台的内容往往追求点击率和关注度，以轻松、搞笑、刺激为主，这导致历史事件被简化、戏谑化甚至歪曲化，失去了其原有的严肃性和教育意义。[11] 一些短视频通过夸张的表演和搞笑的手法来呈现历史事件，使得中小学生可能对这些事件产生误解，从而影响了他们对国家历史的正确认识和尊重。其次，部分短视频作者出于追求流量数据、自身利益等目的，有意地通过与主流文化宣传相反的方式传播所谓“解密、揭露、真相”等片面化、虚无化的历史视角，对某个历史事件或某些历史人物作出与主流文化不同甚至相悖的结论。而中小学生处于教育刚起步阶段，还未形成稳定的历史观、世界观，较容易受到历史虚无主义的影响，不利于其个人对党、国家、民族以及社会主义事业的认同。

也应注意到，短视频内容的碎片化、浅显化与非专业化，致使中小学生因此忽视对历史深度的探索和思考，导致他们对历史的认知停留在表面，缺乏深入的理解和批判性思维，并且不利于他们形成正确的历史观。长期接触“泛娱乐化”内容的中小学生可能会逐渐丧失对历史教育重要性的认识，对历史事件的严肃性缺乏必要的尊重。

3.3 歪曲和弱化中国革命传统教育

中国革命传统是中国共产党、人民军队、先进分子和广大人民群众在中国新民主主义革命及社会主义革命与建设过程中孕育的宝贵精神财富。这一传统深刻涵盖了对共产主义远大理想的坚守、以全心全意为人民服务为根本宗旨、以集体主义为基本原则、以实事求是为思想路线等核心内容。[10]这些精神财富不仅深刻反映了党的性质、宗旨、光荣传统和优良作风，而且在推动中国革命、建设、改革事业的发展中起到了不可替代的作用。它们是中国共产党领导人民在长期革命和建设实践中形成的，是党和人民的共同精神财富，对于培育和践行社会主义核心价值观、推进中国特色社会主义事业具有重要意义。

然而，在短视频平台上，一些内容创作者为了吸引眼球和哗众取宠，通过无端地抹黑攻击苏联，而非基于事实和理性地批判苏联的不足之处，以攻击共产主义理想，质疑共产主义的当代价值。这种行为是历史虚无主义的具体表现，企图通过丑化历史、歪曲事实，引发人们对社会主义制度和共产主义理想的反感。这种歪曲不仅损害了革命历史的尊严，也误导了中小学生对历史的正确理解，影响了他们对共产主义理想的认同和追求。这种历史虚无主义的倾向，如果任其蔓延，将会削弱中小学生对革命传统的尊重和继承，从而影响社会主义事业的长远发展。

享乐主义和消费主义作为“泛娱乐化”思潮的核心[12]，强调个人的物质享受和即时满足，与革命传统中的艰苦奋斗精神相悖。这种思潮导致中小学生对物质追求过度关注，忽视了精神层面的追求和社会责任，从而削弱了他们对革命先辈艰苦奋斗精神的理解和传承。在这种环境下，中小学生可能更倾向于追求短期的快感和利益，而不是长期的目标和集体的利益。

在一些短视频中，爱国主义被曲解为极端民族主义，这种倾向往往通过夸大所谓“民族优越性”和排斥外来文化来表现。这种曲解不仅损害了中国革命传统中爱国主义的真正内涵，也可能导致中小学生形成错误的国家观和民族观。正确的爱国主义应当是理性的、包容的，强调国家利益和民族尊严的同时，也尊重其他国家和民族。而极端民族主义可能导致排外情绪和国际冲突，与全球化背景下的国际合作和交流宗旨相悖。

4 短视频“泛娱乐化”消极影响背后的内在机理

在当代中国，随着互联网行业的迅猛发展，短视频作为一种新兴媒介，已深入渗透至公众的日常生活之中，并逐渐演化为社会文化的一个普遍现象。短视频内容的同质性、模式化、通俗化特征以及其内在的消费主义倾向，与法兰克福学派对“大众文化”的界定颇为吻合。因此，借鉴大众文化批判理论来审视当前短视频领域的“泛娱乐化”现象，具有其理论及实践的合理性。从这一理论视角出发，短视频“泛娱乐化”对中小学生思想政治教育的潜在负面影响可归结为两个主要维度：一是短视频内容的粗放型扩张对主流意识形态的冲击；二是短视频的商品属性导致个体主体性的消解。

4.1 短视频内容的粗放化冲击主流意识形态

法兰克福学派的大众文化批判理论认为，大众文化是一种意识形态工具，用于维护现有的资本主义社会和市场经济结构。霍克海默和阿多诺在《启蒙辩证法》中提道：“文化工业不断在向消费者许诺，又不断在欺骗消费者。它许诺说，要用情节和表演使人们快乐，而这个承诺却从没有兑现；实际上，所有的诺言都不过是一种幻觉。”[13]文化工业通过娱乐消费品的源源不断生产以及广告的不断许诺，操控、支配和欺骗着作为消费者的大众。[13]同时，法兰克福学派第一代代表学者洛文塔尔指出，娱乐视角的逐渐单一化将在更大程度上消解大众对现实议题的注意[14]，大众文化的娱乐化倾向使得重要的社会议题被简单化和表面化。

具体结合我国短视频行业现状，短视频“泛娱乐化”对主流意识形态的冲击体现在两个方面：一方面是短视频内容的生产和传播往往由强大的商业利益驱动，内容呈单质化和非批判性特点。在追求点击率和流量变现的过程中，短视频平台倾向于推送那些能够迅速吸引眼球的内容，这些内容往往以娱乐化、戏剧化，甚至是低俗化的形式呈现，从而削弱了内容的深度和思考性。这种以流量为导向的内容生产机制，不仅限制了多样化的声音和思想，而且强化了资本主义倾向的意识形态，对主流意识形态构成了挑战。另一方面，短视频的娱乐化倾向使得重要的社会议题被简单化和表面化，受众难以对具体问题深入思考、理解其普遍性与独特性。这种现象导致受众思考能力下降，艺术创作“泛娱乐化”和传统社会价值观遭受冲击。

而结合研究对象来看，短视频作为一种网络产品，其具有“无主体化”的传播特征，即传播受众不区分未成年人和成年人，所有人无论其年龄、认知能力、心智成熟度都可以不受约束地接收。这一特性特别加剧了短视频乱象，使得消费主义、个人主义、自由主义甚嚣尘上，侵蚀着人们对社会主义主流意识形态的自觉认同。

4.2 短视频的商品化使人丧失了主体性

法兰克福学派认为，现代社会的文化产业通过标准化和商品化的过程，削弱了个体的主体性。霍克海默和阿多诺指出：“在文化工业中，个性之所以成为虚幻的，不仅是由于文化工业生产方式的标准化。个人只有当自己与普遍的社会完全一致时，他才能容忍个性处于虚幻的这种处境。从爵士音乐典范的即席演奏者到为了让人们能看出自己在影片中所扮演的角色不得不仍用鬈发遮住眼睛的演员都表现出个性的虚假。”[13] 此外，文化产业通过消费主义宣传塑造理想的消费模式和生活方式，影响了个体的自我认同和社会角色。人们往往在追求与大众文化所提供的理想形象相符的生活中迷失自我，逐渐将自己的价值和认同感建立在外部的评价和物质的积累上。卢卡奇的物化观点表达了这种人的自主性的丧失，“人自己的活动，人自己的劳动，作为某种客观的东西，某种不依赖于人的东西，某种通过异于人的自律性来控制人的东西，同人相对立”。[15] 这种依赖外部标准来定义自我的过程，使得个体的内在主体性受到削弱，个人的独立思考和自主选择能力受到限制。

同时，现代社会中技术的普遍应用加剧了人们的非主体化。技术和媒体的运用使得人们的生活越来越依赖于外部信息和娱乐，个体的生活经验被大量的媒体内容所取代。这种对外部信息的依赖不仅降低了人们主动探究和体验生活的能力，也使得个体在面对复杂社会问题时缺乏深度分析与批判能力，从而丧失了作为主体的责任感和参与感。

结合研究对象，可以提出如图 1 所示的消极影响循环：得益于软件信息技术的发展，视频产出者能在较短时间内产出大量同质化的短视频。这些短视频通过平台的推荐算法以及中小学生观众的好奇浏览，转化为对视频产出者的流量数据与平台对产出者的流量变现奖励。这种基于流量的奖励机制进一步驱使视频产出者制作更多相似的视频，从而形成闭环。这一循环不仅加剧了内容的同质化现象，而且可能导致创新性和多样性的缺失，使得个体在被动接受这些内容的过程中，主体性逐渐被削弱。同时我们也应注意到小部分中小学观众受视频收益吸引，成为视频产出者并占用了学习时间，进一步加深了“泛娱乐化”短视频的消极影响。

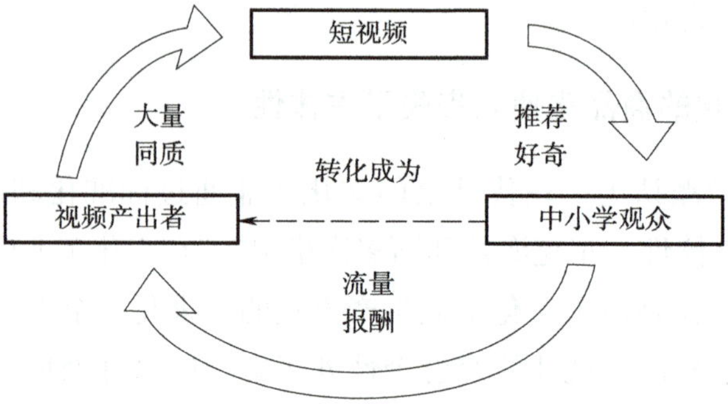

图1　短视频“泛娱乐化”的消极循环

5　短视频“泛娱乐化”背景下巩固中小学生思政教育应对策略

鉴于现阶段短视频与中小学生生活的深度融合，实现二者彻底分离的可能性微乎其微。因此，针对短视频“泛娱乐化”对小学生思政教育产生的消极影响，本研究提出以下三种可能的应对策略：一是打造学校、家庭、社会对中小学生思政教育合力；二是推进短视频平台的规范化；三是创新中小学思政教育方式。

5.1　打造学校、家庭、社会对中小学生思政教育合力

为了应对短视频“泛娱乐化”对中小学生思政教育的消极影响，构建学校、家庭、社会三者的合力策略显得尤为必要。[16] 学校作为思政教育的主阵地，家庭作为价值观塑造的摇篮，社会作为环境营造的关键因素，三者相互支持、相互补充，共同形成了一个全方位、多层次、立体化的思政教育网络。学校通过系统的课程设置和主题活动，培养学生的社会主义核心价值观，使其在多元化的信息环境中能够明辨是非，坚守道德底线。家庭通过家长在

日常生活中的言传身教，传递正确的价值观念，为孩子的成长提供精神支撑。社会则通过法律法规的制定和执行，以及公共舆论的引导，营造一个有利于青少年健康成长的外部环境。

从学校与家庭的合力来说，这两个教育环节共同体现了全天候教育的深刻内涵。这种合力体现在对学生进行全天候的正确引导和教育，确保教育的影响力和连续性。学校教育的系统性和规范性，为学生提供了严谨的知识结构和丰富的学习活动。而在课外时间，家庭教育的连续性和个性化，为学生提供了更为温馨和贴心的成长环境。同时，家长的言传身教和生活实践，也是对学校教育成果的有效巩固和拓展。

从家庭与社会的合力来说，二者的结合进一步促进了教育的主体协同，强化了家庭教育的实践性。各级教育、妇联等相关政府部门和组织为家长群体提供了丰富多样的家教资源，而家长与社会力量携手，引领孩子们参与最广泛的社会实践，可共同为孩子搭建一个实践学习的平台。

从学校与社会的合力来说，二者在教育实践中展现出了独特的价值和深远的影响。这种合力主要体现在学校对社会公共文化服务设施的充分利用，以及与社会资源的深度合作，组织开展一系列旨在让学生了解社会、参与实践、锻炼技能的集体活动。通过这种合作，学校能够定期地、有计划地组织学生参与丰富多彩的文化体验和社会实践活动。通过参与这些集体活动，学生不仅能够将书本上的理论知识与社会实际相结合，还能够在这个过程中培养自己的社会责任感、团队协作能力和创新精神。这种实践性的思政教育，因其贴近生活、贴近实际，将极大地增强教育的吸引力和实践性。这种模式可有效地促进学生的全面发展，帮助他们树立正确的世界观、人生观和价值观。

5.2 推进短视频平台的规范化

在应对短视频“泛娱乐化”对中小学生思政教育的消极影响方面，政府出台相关法规政策意见的法理依据尤为关键。[17]一方面，政府应引导短视频平台在追求经济效益的同时，注重社会效益。法律法规的明确可以为平台提供清晰的行为准则，使其在内容生产和推送过程中，自觉承担起社会责任，减少对中小学生思政教育的负面影响。例如，通过规定平台必须建立健全的内容审核机制，政府能够从宏观层面调控短视频市场，保障未成年人的网络空间清朗。另一方面，政府应通过法规意见，推动短视频平台建立健全的投诉举报机制，鼓励社会公众参与监督。这一机制可以让公众尤其是家长和教育工作者参与短视频内容的监督，对违法违规内容进行举报，平台需在规定时间内处理并反馈结果，以此形成社会共治的良好局面。明确罚则，提高违法成本。对于违反规定的平台，除了经济处罚外，还应考虑采取暂停更新、限制功能直至吊销许可证等行政手段，确保法规的严肃性和执行力。

从短视频平台自身建设的视角来看，平台应对未成年人用户实施区别化措施，包括关闭推荐算法和屏蔽低俗标签的短视频。关闭推荐算法对打破“信息茧房”有一定正面影响，防止中小学生长时间沉浸在单一类型的娱乐内容中，从而拓宽他们的视野，培养多元化的审美爱好。屏蔽低俗短视频则是从源头上净化网络环境，减少不良信息对未成年人的侵蚀。

同时，虽然2021年版《中华人民共和国未成年人保护法》将网络平台“青少年模式”从推荐变为法定强制，但具体标准尚不统一，功能限制和程度由平台自定，导致执行效果不一，存在轻易规避和简单破解问题。[18]平台还应通过设置更加有效的青少年模式、加强正面内容供给等方式，进一步优化未成年人用户的网络体验。正面内容的供给能在娱乐中传递正能量，引导中小学生树立正确的价值观。这些措施共同构成了短视频平台规范化建设的重要组成部分，对于抵御“泛娱乐化”对思政教育的消极影响具有一定价值。

5.3 创新中小学思政教育方式

中小学生仍处在基础知识学习阶段，针对当代社会高速发展的现状，创新中小学思政教育方式，使用中小学生喜闻乐见的思政教育方式显得尤为重要。

其一是合理运用周边红色文化资源，让学生在实地考察与体验中感受历史的厚重和革命精神的传承。红色文化资源是思政教育的宝贵财富，组织学生参观纪念馆、烈士陵园、革命遗址等地，可以使学生在直观感受中学习革命历史，理解社会主义核心价值观，从而对抗短视频“泛娱乐化”带来的负面影响。这种教育方式不仅可让学生们在情感上有所触动，更能激发他们的爱国热情和民族自豪感。陕西省铜川市北梁红军小学依托照金红色资源，通过带领学生重走红军路、进军营实践体验、参观建设和改革成果展等系列活动深化学生对党史的理解和认同，塑造坚定的理想信念。

其二是思政教育与语文、科学、体育、美术等课程内容的结合，是实现全科育人、全程育人的重要途径。[19]例如在语文课上，可以通过经典文学作品的学习，引导学生理解作品背后的中华优秀传统、中国革命传统；在科学课上，可以结合科技创新的历史和科学家的事迹，培养学生的科学精神和探索精神；在体育课上，可以通过团队运动和竞赛，培养学生的集体主义精神和奋发向上的精神。这种跨学科的思政教育模式，使得思政教育不再是孤立的，而是渗透于学习的方方面面，从而增强了教育的连贯性和系统性。

其三是增加劳动教育在学生评价体系中的比重，树立以劳动为荣的价值导向，是对抗“泛娱乐化”、培养实干精神的有效手段。劳动教育不仅能够让学生体会到劳动的艰辛和乐趣，还能够培养他们的动手能力和解决问题的能力。例如上海位育中学创新性地将芯片理论与制作加入课程，回应国家人才需求。通过将劳动教育纳入学生评价体系，我们可以引导学生认识到劳动的价值，树立正确的劳动观念，从而在实际行动中践行社会主义核心价值观。这种教育策略有助于学生形成尊重劳动、热爱劳动的良好习惯，对于培养他们成为有责任、有担当的社会公民具有重要意义。

6 结论

本文通过对短视频“泛娱乐化”现象的深入剖析，探讨了其对中小学生思政教育的消极影响，并基于大众文化批判理论分析了其内在机理，提出了创新的应对策略。在当前短视频“泛娱乐化”对中小学生思政教育构成挑战的现实背景下，我们必须采取多维度、全方位的措施，以确保思政教育的有效性和时代性。

短视频“泛娱乐化”现象对中小学生社会主义核心价值观的形成和培养、历史教育的严肃性以及革命传统教育构成了显著阻碍。这种现象不仅影响了中小学生价值观的形成，也对社会主义主流文化的建设与发展构成了冲击。以大众文化批判理论的视角，从内在机理来看，短视频内容的粗放型扩张和商品属性对主流意识形态和个体主体性构成了双重冲击。针对上述消极影响，本文提出了三种应对策略：一是构建学校、家庭、社会三方合力的思政教育网络；二是推进短视频平台的规范化，确保其内容符合社会主义核心价值观；

三是创新中小学思政教育方式，包括利用红色文化资源、跨学科教育和劳动教育等。这些策略旨在从不同层面巩固和提升中小学生思政教育成效，以应对短视频“泛娱乐化”的挑战。

习近平总书记指出：“要全面贯彻党的教育方针，落实立德树人根本任务，发展素质教育，推进教育公平，培养德智体美全面发展的社会主义建设者和接班人。”[20]本文的研究和提出的策略正是对这一重要论述的积极响应。通过全社会各方面的不断努力、不断进步，我们有信心能够为中小学生营造一个健康、积极、向上的成长环境，培养他们成为担当民族复兴大任的时代新人，为实现中华民族伟大复兴的中国梦贡献力量。

参考文献

[1] 胡慧河．网络泛娱乐化现象及其有效治理［J］．济南大学学报（社会科学版），2021，31（4）：151-156，160.

[2] 共青团中央．第5次全国未成年人互联网使用情况调查报告［EB/OL］．（2023-12-23）［2024-10-15］．https：//qnzz.youth.cn/qckc/202312/P020231223672191910610.pdf.

[3] 吐尔逊娜依·赛买提．高校思政教育工作环境支持机制建设研究［J］．淮南职业技术学院学报，2024，24（1）：1-3.

[4] 彭双，张晓敏，黄玉珍．中高年级小学生的心理特点与行为特征探究［J］．心理学进展，2023（12）：5776-5781.

[5] 李志国．基于批判性思维的信息素养培养策略［J］．华北水利水电大学学报（社会科学版），2023，39（1）：89-94.

[6] 祁靖．新时代思想政治教育文化价值研究［D］．济南：山东师范大学，2023.

[7] 中国青少年研究中心．未成年人短视频青少年模式使用研究报告［EB/OL］．（2021-5-26）［2024-11-01］．http：//www.cycrc.org.cn/kycg/seyj/202105/P020210526576438296951.pdf.

[8] 杨国辉．网络短视频对大学生思想政治教育的影响分析［J］．思想理论教育导刊，2020（12）：133-136.

[9] 吕进，张盼．“六大思维能力”是马克思主义对思维能力要求的宏观概括

［J］. 重庆理工大学学报（社会科学），2022，36（3）：39–44.

［10］《思想政治教育学原理》编写组 . 思想政治教育学原理［M］. 北京：高等教育出版社，2018.

［11］秦华民 . 礼享 . 短视频时代高校思想政治教育的实践特征、现实困境及创新路径［J］. 社会科学前沿，2023（9）：5515–5520.

［12］张淑娜 . 网络泛娱乐化对大学生价值观的危害及应对策略研究——以黑龙江省部分高校为例［D］. 哈尔滨：哈尔滨师范大学，2021.

［13］马克斯·霍克海默，西奥多·阿尔多诺 . 启蒙辩证法：哲学片断［M］. 洪佩郁，蔺月峰，译 . 重庆：重庆出版社，1990.

［14］LOWENTHAL L. Literatur und massenkultur［M］. Berlin：Suhrkamp，1980.

［15］卢卡奇 . 历史与阶级意识［M］. 杜章智，任立，燕宏远，译 . 北京：商务印书馆，2017.

［16］张蕊 . 小学劳动教育：家校社三位一体见实效［J］. 中小学管理，2020（4）：22–23.

［17］侯欣，邵竞莹 . 论“泛娱乐主义”思潮对大学生价值观的负面影响及其消除［J］. 学校党建与思想教育，2022（16）：47–49.

［18］孙田琳子，周奕 . 智能媒体“青少年模式”应用的评价研究——基于 32 个样本 APP“青少年模式”应用的调查与评价［J］. 现代教育技术，2023，33（11）：79–90.

［19］吴淑扬 . 核心素养视域下课程思政融入初中美术教学的应用探究［J］. 社会科学前沿，2024（6）：415–422.

［20］顾明远 . 新时代教育发展的指导思想——学习习近平总书记在全国教育大会上的讲话［J］. 中国教育学刊，2018，（10）：3.

数智时代人工智能的意识形态风险及其应对研究

路小渲

摘　要：当前，以大数据、虚拟现实和智能算法为核心的人工智能的飞速发展正推动人类迈入人机协作、跨界融合和数字共享的数智时代，人们广泛运用人工智能实现沉浸式的虚拟交互。与此同时，随着人工智能在意识形态领域的深度嵌入与整合，诸多具有新特点的意识形态风险和危机不断出现。因此，必须正确认识并分析风险的生成机理以及人工智能发展带来的意识形态潜在风险与挑战，更好地发挥人工智能的积极作用，采取科学有效的措施，从多个维度进行协同治理，防范化解意识形态领域风险。

关键词：数智时代；人工智能；意识形态；风险

习近平总书记曾指出："人工智能是引领新一轮科技革命和产业变革的重要驱动力，正深刻改变着人们的生产、生活、学习方式，推动人类社会迎来人机协同、跨界融合、共创分享的智能时代。"[1] 人工智能作为一种新兴的高度发展的社会生产力形态，对意识形态的信息生产主体、传播载体、实施效果等进行了颠覆式的重塑，并伴随着交互程度的持续加深，所涉及的领域不断扩大，带来诸多具有新特点的意识形态潜在风险。因此，在计算智能、感知智能、认知智能的"数智时代"，必须把握人工智能诱发意识形态风险的逻辑理路，分析人工智能所诱发的意识形态风险与挑战，多维度多层次提出

作者简介：路小渲，女，甘肃兰州人，复旦大学马克思主义学院 2024 级硕士研究生，主要研究方向为马克思主义中国化。

防范人工智能意识形态风险的对策，夯实主流意识形态阵地，强化意识形态话语权。

1 数智时代人工智能诱发意识形态风险的逻辑理路

在数字化与智能化深度融合的数智时代下，随着机器学习、自然语言处理和算法建构等技术取得重大突破，人工智能迈入了发展的“第三波浪潮”。在人工智能渗透到社会的各个角落之时，在思想意识也被人工智能所“俘获”“刻画”之时，我们不禁要思考：人工智能是否会诱发意识形态风险？其逻辑理路是怎样的？

1.1 资本技术操纵议题设置

数智时代，大数据作为智能社会的支撑，成为一种新型资本形态。由于资本的无节制膨胀和扩张，数据本身已逐步演变为一种“软力量”，冲击与改造了人类社会。一方面，在商业逻辑的驱使下，资本以人工智能等技术为工具，通过“聚类算法”等手段对信息进行多种筛选、细分，以此对议程的设定与议题的选取产生影响，并对主导思想的话语权威产生潜移默化的冲击。在由数据创造出来的虚拟空间中，资本通过散布耸人听闻的言论和夸张不实的新闻，破坏主流意识形态的话语权威，以此来获得更多的关注度、利润和增值效应。同时，这些议题经过舆论发酵、话题嫁接，很容易诱发民众的不理智情绪。这也导致许多人对主流思想的价值认识出现了混淆，囿于精神空虚和“娱乐至死”的困境，主流意识形态的影响力和凝聚力被不断稀释。另一方面，在技术封锁、数据垄断和算法偏好等方面，资本运作的形式也发生了变化。在逐利本性和空间扩张逻辑的驱动下，资本主体借助人工智能快速抢占“数字空间”。通过恶意编写代码，破坏计算机系统、泄露数据等手段操控网络舆情，对我国的安全构成极大威胁。受资本力量驱动的人工智能表现出“去规则性”倾向，并与思想体系和意识形态形成工具性联系，对互联网舆情的安全构成巨大的挑战，同时也加大了意识形态风险发生的可能性。

1.2 算法偏见动摇认同建构

“从传统媒体时代的媒介霸权、文化霸权，到当今的算法霸权和人工智能霸权，越发精准、智能的媒介技术也在创造出越发隐蔽、遍在的‘数字利维坦’。”[2] 在数字化智能化的时代背景下，人工智能基于智能算法，构成“人机协同”的意识形态话语生产模式，人工智能通过算法，生成与使用者意志相符的理念与价值观，在其输入与输出的过程中，产生“算法偏见”。基于用户的查询和浏览数据，人工智能会逐步构筑符合个体偏好的信息空间，形成“过滤气泡”和“信息回声室”。虽然人们可以获得个性化的推送内容，但参与其中的个体在有限的视野中从众性也更强。个体间“同质聚集”，逐渐形成共同的价值取向和思想观点，即“群体极化”，从而构成了一个比较封闭的社会链条。如今，在互联网空间里，有一股无形的力量在推动着“过滤气泡”的形成，“群体极化”与“沉默螺旋”的双重作用下，无数网民陷入观点一致的“无意识”之中而浑然不觉。同时，技术主体通过算法推荐机制，向受众群体“投喂”大量数据，并借助各种媒介平台进行传播，从而加快了错误思潮的扩散，对观众的情绪认知、价值体验、行为表现产生了一种无形的冲击。人工智能的核心技术如算法推荐、机器学习、深度学习等被滥用，隐藏在智能传播中的资本逻辑和工具理性的扭曲，使得主流意识形态的影响力逐渐被削弱，负面、消极的网络舆论被不断制造和传播。

1.3 把关转移扰乱价值凝聚

信息传播的本质在于对数据进行解析与发布，在此过程中，传统意义上的话语权发生改变，“把关人”角色出现了移位。在信息的生产，传播和接收中，“智能算法”起到了“把关人”的作用。随着大数据的产生，自媒体的兴起以及媒介的融合，受众对资讯的选择和看法发生了巨大的变化。“人人都有麦克风”的数智时代赋予公众更多的话语权，同时也营造出更加轻松的舆论传播氛围和更为宽松的舆论表达环境，在这样的背景下，信息的主体变得更加大众化，人人都能作为信息的发布方和接收者，人人都能自由地表达思想和观点。由于人工智能新型技术的迅猛发展，人们思想表达的舞台进一步扩大，话语权进一步彰显，自我意识进一步发展。通过对“平等”和“民主”

的呼吁，对“张扬个性”和“凸显自我”的展现，人们进一步发挥其主动性，分析、思考和批判各类社会现象，观察、吸收主流意识形态内容并不断进行反思。但与此同时，这也导致没有经过“把关”的网络信息大量地进入由网络媒体构筑的公众空间，从而极大地影响了舆论生态。充斥在互联网上的各种非主流思想具有“泛文化”倾向，它们以现实利益为饵，借助互联网的特性对一些热门话题进行干预，对一些价值观念不坚定的网民进行蛊惑。很多人容易在纷繁复杂的信息中陷入庞杂的互联网体系所营造的“自由”“个性”等假象中，迷失自我。公共领域不断地“自我私域化”，形成没有中心而又人人皆为中心的去中心化的价值主张，人们对不正确的信息盲从、人云亦云，偏离社会主流意识形态和价值观。这些在一定程度上影响了扰乱主流价值观念的凝聚。

1.4 技术异化阻碍共识生成

正如马尔库塞所说，“技术控制真正体现了有利于整个社会集团和社会利益的理性”[3]。伴随着社会发展和科学技术的不断进步，出现了一种典型的、由技术和权力共同参与的社会治理模式，技术的“中立性”在逐步地被打破，科技已逐渐发展为一种动力性的主导力量和一种隐形意识形态。在数智化的时代境遇中，万事万物无时无刻不在被网络所连接。大数据通过隐形渗透和有机嵌入的方式进入社会生活，其工具理性逐渐被放大进而获得了对人的“操控”和“支配”权力。当前，人工智能等技术的革新极大拓宽了信息流通渠道，技术的赋权使网民摆脱对传统媒体的依赖，获得信息生产、选择与传播的自由。同时，互联网上的信息发布平台呈现多元化特征，用户参与网络舆情事件的代价和成本大大下降，公众发表意见和自我展示的壁垒不断被破除，信息变得多元且无法控制，也极大地提高了无序表达的可能性。互动、碎片、分散的资讯传递模式下，真假参半的观点与良莠不齐的信息爆炸式地涌入大众生活，在海量信息和多元观点的交叉融合中，“众声喧哗”造成信息选择与评判难题。智能技术消融了传受双方、虚拟与现实之间的界限，无限延伸的话语大幅提升了辨识“真相”的难度，虚假信息摧毁了社会理性的根基，“真相”被淹没于信息汪洋。随着科技的发展和异化，人的思想主体性和社会化程度不断下降，从人与人之间的交互转变成了人与机械之间的交互，人由思考的“主体”逐渐变为被动接受由机械所传递价值的“客体”，其认知内容、情绪的输出和思维都发生变化，多元诉求与多元冲突交织，撕裂社会共识。

2 数智时代人工智能诱发的意识形态潜在风险与挑战

人工智能的发展不断影响主流意识形态建设，必须清醒认识到，意识形态安全领域仍面临严峻挑战。

2.1 错误社会思潮耦合智能技术进行隐蔽渗透

数智化信息时代，以民粹主义、历史虚无主义、享乐主义等为主要特征的西方错误社会思潮与现代信息科技相结合，形成了新的融合模式。它们不仅通过机器学习、信息伪造、大数据筛选等手段对网络舆情进行渗透和恶意攻击，还通过网络传播、舆论战等方式远程控制进行“新型颜色革命”。这种行为不仅严重破坏网络信息生态，而且对主流思想文化的认同也造成了一定冲击。一方面，以美国为首的一些西方国家，借助 Twitter、Facebook 等社交媒体，干预别国事务，刻意编造新闻，扭曲事件真相，引发争议和社会动荡。他们热衷搞霸权主义和强权政治，将中国视为“假想敌”，企图通过和平演变等方式来西化和分化中国。他们通过媒体传播、鼓吹和兜售其政治思想和价值观念，企图将“西方典范”推广为“世界楷模”，并在全世界宣扬其所谓的“普世价值”。另一方面，借助大数据分析和智能算法等技术支持，他们通过编造、传播虚假信息，对与自己思想观念不同的国家进行恶意抹黑和攻击，加剧意识形态冲突。在 Instagram、微博等国内外社交平台上传播和渗透其价值观念，推送“历史虚无主义”等错误思潮，对民众的国家认同感造成了极大的负面影响。西方的错误社会思潮与现代科技相结合，其所带来的“思想空白”“信仰乱象”“意识形态真空”等问题，极易导致公众的政治认同出现偏差，削弱政府权威，从而对我国的政治安全构成极大的危害。

2.2 数字鸿沟加剧主流意识形态权威性消解

人工智能技术带来的巨大变革，使得主流意识形态的信息传递发生了巨大的变化。在数字化进程中，由于数字信息获取和利用的不平等、数字服务和基础设施的不均等分布，不同群体、地区和国家之间在数字技术水平和获取数字化资源的能力上存在差距，从而形成了“数字鸿沟”。一方面，受科技设备特性及社会认知水平等因素影响，智能化生产往往更倾向于向科技发达国家或区域靠拢。如西方国家通过技术优势不断宣扬其政治理念与文化思想，传播、鼓吹其价值观念，致使西方意识形态在全球广泛传播，消解其他国家主流意识形态的权威性。同时，由于网络设施、通信技术等空间分布不均，各区域之间也出现了“数字鸿沟”。先进区域掌握着技术开发与制度制定的绝对优势，导致高质量的资源很难到达落后区域，而技术不发达的区域仍处在“信息贫困”与“技术贫困”之中。另一方面，在“数字鸿沟”背景下，科技主导者通过对媒介平台的掌控，对大众的资讯与偏好进行剖析，将有利于自己的意识形态理念传达给大众，从而实现对意识形态的掌控，削弱主流意识形态的话语权力。相对于科技利用上的弱势群体，利用科技的优势群体具有更高的优先权和更多的参与度，而飞速发展的资讯科技常常会限制弱势群体的思想表达，因而，他们常常被排斥于主流意识之外，失去政治话语权。这就导致了科技应用上的弱势人群被逐步地排斥和边缘化，对他们的思想诉求造成了很大的限制，也降低了主流意识形态的约束力和可信度。同时，随着各类网民的涌入，互联网群体在年龄、文化、习惯、数字能力和数字思维方式上都有很大的不同，而这些将会加剧思想上的分化。

2.3 技术赋能传播革新引发价值认同弱化

当前，在互联网的快速发展和信息技术的快速变革下，话语在传播对象、传播维度、传播方式和传播效应方面，都发生了很大变化。随着人与技术、人与媒体、人与人的交互与交融，大数据、算法、人工智能等技术的相互依赖与协同演化，一个“人与非人交互的新空间”逐渐形成。各种自媒体迅速出现、兴起，突破了由单个传播主体在生产、发布和传播信息方面的垄断，手机客户端和社会化媒介日益成为人们获得资讯的重要途径。在这样的情况下，“自底向上”的“逆向”的话语传播途径，使得社会公众的表达和传播话语的渠道也得到了很大的拓展。在“受众本位”的资讯传播方式下，“以用户为中心”的理念得到了更深层次的加强。基于用户的个性化推荐与移动数字化技术相融合，形成了“全方位”“多层次”“精准化”的智能化生产与推送，使得人们可以根据其习惯和偏好等实际情况进行信息的接收。由于技术赋能传播革新，网络上也出现各类错误信息和不实流言，通过互联网媒介对细小的呼声的持续聚集，最终形成了一股舆论的洪流，并不断放大形形色色纷繁复杂的观点和意见。这其中，信息传播不当造成了舆论生态混乱，导致群体行为的激进化和极端化，使得人们在网络空间肆意宣泄负面情绪。快速发展的智能技术所带来的真实虚幻化造成社会价值内核的消解和主流意识形态凝聚力的削弱，加之互联网的开放和自由，由此产生的一系列负面言论和非理性声音，对主流意识形态产生了一定的冲击。同时，某种意义上，这加速了人们的心理价值的缺失和精神价值的空白，扰乱了主流价值观念的凝聚，引发了价值认同弱化。

2.4　算法推荐固化受众个体偏好形成“信息茧房”

美国学者桑斯坦最早提出“信息茧房”这一概念，认为在信息传播过程中，“公众只注意自己选择的东西和使自己愉悦的东西。久而久之，会将自身束缚于像蚕茧一般的‘茧房’中”[4]。大数据通过对个体的数据进行分析，构建出个性化的“画像”，通过参照“画像”，人工智能使用算法向用户推荐针对性的信息内容，使他们只选择自己感兴趣的东西。在这个信息推送逐渐依靠智能算法，人们的阅读和接受也越来越具有个性化的时代，互联网上的用户经常会获得一些以个人兴趣爱好为基础的、为其量身定做的资讯，久而久之，他们的思想观念就会变得更加固化，处在一种碎片化的、窄化的阅读和接受状态之中，即在无意识的情况下，被嵌入“意识形态茧房”。

人工智能通过采集用户的互联网行为习惯，实现“精准画像—精准发布—精准反馈—精准纠正”的闭环信息传播模型。这进一步加深了社会上的信息隔离与分割，而封闭、单向的“信息茧房”造成各阶层思想分歧日益扩大，从而给意识形态安全带来不利的冲击。与此同时，采用大数据的方法和算法，社会化媒介可以更好地满足用户的信息需要，并进行信息的精准生产与推送，这样就产生了“圈层文化”。在同一圈层里，多数人都会受到相似的资讯影响。在这样一个高度同质性的社会里，随着时间的推移，个人的观点、态度和偏见将会被持续地证实和强化，异质信息会被自动地过滤和拦截。由于“信息茧房”效应，人们所见到和所听到的，往往都是与他们相同的观点和声音，这就造成了互联网思想场域的价值迷失与思想操控，对意识形态安全构成了极大的隐患。

3 数智时代人工智能的意识形态风险应对策略

随着人工智能技术在全球范围内的快速发展，它所蕴含的各种潜在风险和威胁也对我国的主流意识形态建设提出了新的要求，这也是关系到国家安全的重要课题。为此，应当在充分认识到人工智能所蕴含的正面效应和积极价值的前提下，进一步规制人工智能的运用，使其成为由“智能变量”向“治理增量”转变的一道意识形态建设的“智能防线”。

3.1 完善顶层设计，强化主流价值引领

正如习近平总书记所说：“宣传思想工作就是要巩固马克思主义在意识形态领域的指导地位，巩固全党全国人民团结奋斗的共同思想基础。”[5]因此，首先要把握好意识形态工作的正确方向，“坚持马克思主义在意识形态领域指导地位的根本制度”[6]。只有掌握意识形态工作的话语权，才能有效地管理和引导各种非马克思主义的意识形态，反击各类反马克思主义的错误思潮，用马克思主义占领意识形态的阵地，使党和国家、民族的凝聚力和向心力得到增强。在智能化快速发展的时代，真实信息和虚假信息交织在一起，各种各样的不良思想和错误思潮层出不穷，所以我们要时刻坚持以马克思主义为指导，倡导正确的社会主义核心价值观，巩固党在人工智能领域的领导作用，在政治、经济、文化等领域，对人工智能带来的风险和挑战进行切实、有效的应对，确保我们的社会主义事业能够繁荣发展。

社会主流意识形态作为执政党的思想体现，必然要体现出中国共产党的思想主张、意志和价值。这就必然要求主流意识形态话语权的建设，主流意识形态安全的维护和发展，必须坚持党的领导。因此，在数智时代背景下，我们要时刻牢记继续巩固和加强党对意识形态工作的领导，以一元领导多元，促进网络空间风清气正。要用马克思主义的立场、观点、方法来引导网络舆论，对网络中的各种主流思想进行调整、吸收、转化和融合。同时反击对意

识形态工作进行造谣、抹黑的恶意攻击行为，敢于向各类西方错误思潮的诱导“发声”和“亮剑”。让人工智能作为加强意识形态工作的“最大增量”，从而有效提高网络主流思想的传播力和影响力。

3.2 加强制度建设，健全相关法律规范

数智时代，各种信息在互联网中爆炸式迅速增长。由于互联网特有的即时特性，在弱监管、无约束的情况下，不实信息和错误舆论迅速扩散，阻碍了主流意识形态话语权的建构与提升。没有相应的制度和法律法规来约束，就会出现与主流价值观相违背的网络言论和行为。因此，规范各方处事方式、传播行为势在必行。习近平总书记指出：“要整合多学科力量，加强人工智能相关法律、伦理、社会问题研究，建立健全保障人工智能健康发展的法律法规、制度体系、伦理道德。”[7]意识形态工作的成功与否，常常取决于是否有一套科学、高效的治理制度与法规，因此，必须完善相关政策制度体系，健全相关法律规范，重视对网络安全建设进行战略部署和顶层设计，合理依法治理人工智能。

在人工智能的推动下，非主流意识形态的产生和传播更加隐蔽和具有欺骗性、依附性。因此，需要强化对人工智能技术应用的法律规范，进一步健全有关人工智能的法律监管制度，强化监督意识，坚定地贯彻网络监督的方针，让人工智能技术能够真正服务于主流意识形态的传播和建设。对利用人工智能盗取使用者数据及隐私、滥用技术权力等犯罪行为进行严厉惩处，弥补技术监管中的空白和漏洞，保证在使用人工智能技术时符合社会主流思想和国家主流意识形态。同时，运用人工智能技术，主动建立起网络思想舆论的预警与响应机制，管理社会舆论，对网络上那些消极、恶意、危及主流思想的言论进行专项立法，提高恶意行事行为的成本，及时消除不良言论。应推进网络环境的法治管理，保护广大人民群众的切身利益，使网络相关法律法规得到有效的利用，依法治理互联网空间，不断提高网络执法水平，营造风清气正的网络舆论环境，维护主流意识形态话语权。

3.3 增强技术赋能，推进核心技术变革

习近平总书记指出：“努力在人工智能发展方向和理论、方法、工

具、系统等方面取得变革性、颠覆性突破，确保我国在人工智能这个重要领域的理论研究走在前面、关键核心技术占领制高点。”[7] 在数智时代和人工智能快速发展的形势下，理性地发展与利用智能科技是构建主流意识形态的一个重要条件。要想保证网络意识形态安全，就需要与时俱进，适应信息技术的发展趋势，提升自己核心技术的自主创新能力，站在国家的战略高度上，对网络技术的发展进行宏观的规划，以“核心技术”的革新作为突破口，抢占“核心技术”的制高点，以期对网络平台进行有效管理，防止不良言论和虚假信息的扩散，掌握好网络舆论的正确引导，从而有效地维护网络空间安全，为构建网络主流意识形态话语权打下坚实基础。

习近平总书记强调：“没有网络安全就没有国家安全，没有信息化就没有现代化。建设网络强国要有自己的技术，有过硬的技术。”[8] 因此，必须在互联网的关键和核心技术上下功夫，推动意识形态工作防范技术不断完善与提升，从而保证我国主流思想体系的安全。通过对人工智能的分析和合理应用，强化对各类社会思潮的识别和辨认，揭示西方敌对势力对我国国家安全造成威胁的错误思潮的实质，并总结出其具有代表性的叙述技巧及常见议题。同时坚持技术向善的理念，充分利用人的积极性和主动性，打破网络中的关键科技障碍与瓶颈，以应对意识形态风险。应将云计算、大数据、智能算法等技术与网络监测预警、网络舆情危机处置等相结合，进行深入研究和创新，实现对网络思想领域重大危机的及时预测与处理，保障思想体系的安全，真正做到使人工智能技术能够服务于主流意识形态的传播和建设。

3.4 共建社会伦理，平衡多元价值观念

人工智能应始终坚持以“以人为本”的道德信念、为国家利益服务的信仰和为广大人民群众谋福祉的理想，这就需要共建社会伦理准则，规范相关人员的思想和行为，平衡多元主体的价值观念。政府应利用人工智能技术与多种渠道和平台，与网络民众进行沟通和交流，加大对主流意识形态的宣传和教育力度，让广大群众对主流意识形态有更多的了解，促进人们对主流意识形态自觉遵循并主动传播。互联网媒介可以运用自身的科技力量将主流意识形态传达给广大网民，树立良好的舆论导向，通过对

网民的言论进行规制，引导网民规范其在互联网上的言行举止，明确行为界限，自觉传递正确的、积极向上的主流价值观念，共建良好的社会风尚。科技开发方应当将主流价值观念融入算法的设计，建立并健全人工智能监督的伦理道德标准与行为准则，将主流思想理念转化成科技语言，保证所研究开发的科技成果既不违背伦理道德准则，也不会损害公众的合法权益。强化监管与治理，以实现对人工智能的规范化与标准化应用。网络用户应提高自身媒介与道德素养，了解媒介的基础知识，学会正确使用媒介，加强自身对网络媒介传播信息的获取、分析、评价的能力。应增强自身思想政治教育，规范自身的网络言行，增强对国家主流意识形态的了解，提升自身的自律意识和公共理性。多方共同合作可以高度发挥人工智能技术在意识形态建设中的优势，使公众获得网络参与式体验，及时有效地回应问题，产生高度的互相关注和情感联结，在有序互动的同时各参与主体产生情绪共振，激发价值共鸣，提升道德素养，共建社会伦理，凝聚社会共识。

马克思指出："问题就是公开的、无畏的、左右一切个人的时代声音。问题就是时代的口号，是它表现自己精神状态的最实际的呼声。"[9]人工智能技术给意识形态带来的风险挑战也是现代社会必须面对的时代课题。人类社会处在一个具有历史意义和变革意义的新时期，与当代科学技术"异化"的困境相比，人工智能以更加隐蔽、更加虚拟、更加多元的方式向意识形态领域提出挑战。意识形态建设要在新的历史条件下，在新的时代背景中与时俱进；要着眼于信息网络技术的发展、着眼于人的全面发展。"任何解放都是使人的世界即各种关系回归于人本身。"[10]因此，要让人工智能真正回到"以人为本"的理念中去，明确技术的使用界限，保证技术的健康、良性发展。只有这样，才能从根本上解决科技异化所带来的危险，达到人机和谐、技术向善的理想境界。才能引领舆论方向，凝聚社会共识，更好地维护与保障国家政权安全，提升国家话语权。

参考文献

［1］习近平向国际人工智能与教育大会致贺信［N］. 人民日报，2019-05-17（1）.

［2］何天平，蒋贤成. 算法介入国际传播：模式重塑、实践思考与治理启示［J］. 对外传播，2022（10）：34-38.

［3］赫伯特·马尔库塞. 单向度的人——发达工业社会意识形态研究［M］. 刘继，译. 上海：上海译文出版社，2008.

［4］桑斯坦. 网络共和国：网络社会中的民主问题［M］. 黄维明，译. 上海：上海人民出版社，2003.

［5］习近平. 胸怀大局把握大势着眼大事　努力把宣传思想工作做得更好［N］. 人民日报，2013-08-21（1）.

［6］中共中央关于进一步全面深化改革推进中国式现代化的决定［M］. 北京：人民出版社，2024.

［7］加强领导做好规划明确任务夯实基础，推动我国新一代人工智能健康发展［N］. 人民日报，2018-11-01（1）.

［8］习近平. 总体布局统筹各方创新发展努力把我国建设成为网络强国［N］. 人民日报，2014-02-28（1）.

［9］马克思恩格斯全集：第四十卷［M］. 中共中央马克思恩格斯列宁斯大林著作编译局，译. 北京：人民出版社，1982.

［10］韦建桦. 马克思恩格斯文集 -2：1848—1859 年［M］. 中共中央马克思恩格斯列宁斯大林著作编译局，编译. 北京：人民出版社，2009：46

［11］伊丽莎白·诺尔 - 诺伊曼. 沉默的螺旋：舆论——我们的社会皮肤［M］. 董璐，译. 北京：北京大学出版社，2013.

［12］古斯塔夫·勒庞. 乌合之众：大众心理研究［M］. 马晓佳，译. 北京：民主与建设出版社，2018.

［13］中共中央党史和文献研究院. 习近平关于网络强国论述摘编［M］. 北京：中央文献出版社，2021.

［14］李江静. 新传播语境下网络意识形态领域的风险及其应对［J］. 思想理论教育，2020（8）：89-93.

［15］洪晓楠，刘媛媛．人工智能时代网络意识形态安全建设的发展契机、潜在风险与调适进路［J］．思想教育研究，2022（10）：138–144.
［16］曹洪军，孔晶晶．人工智能赋能网络意识形态安全的逻辑探赜［J］．理论月刊，2023（9）：46–53.
［17］王延川，赵靖．生成式人工智能诱发意识形态风险的逻辑机理及其应对策略［J］．河南师范大学学报（哲学社会科学版），2023，50（4）：1–7.
［18］刘秦民，李东洋．生成式人工智能赋能网络空间意识形态话语权构建的四重进路［J］．新疆师范大学学报（哲学社会科学版），2025，46（3）：118–122.

课程建设研究

书院制下青年人才全球胜任力培养：时代之需、现实困境及提升策略

倪逸群　李卓航

摘　要： 全球化和信息化时代下，全球胜任力逐渐成为衡量青年人才综合能力的核心指标。本文阐述了全球胜任力的概念、历史与时代要求；结合我国全球胜任力青年人才培养现状，分析书院制相较传统教育模式的优势；从理念塑造、课程设计、师生选拔、语言教育、伦理教育五个维度着手构建了书院制教育体系，为培养全球胜任力青年人才、增强我国参与全球治理和国际竞争能力提供了借鉴参考。

关键词： 书院制；全球胜任力；青年人才

当今世界已进入全球化和信息化时代，跨国界、跨文化合作和交流数量越来越多，诸如环境保护、能源危机、地缘政治等全球性议题愈发需要全球各国的协作应对，更要求青年人才做好准备工作来应对未来的风险和挑战。全球胜任力是青年人才为走向世界应做好的关键准备，这种能力的培养不能建立在传统的，以知识传授为主要目的的教育模式下，而是应采用更具社区生活特色、强调师生的深入交流和探讨的教育模式。因此，本文旨在探讨书院制教育培养青年人才全球胜任力的价值与实践策略，并为高校实施书院制教育以及推动全球胜任力教育改革提供参考。

基金项目：2024 年度紫江公益慈善人才培养专项基金（项目编号：2024ECNU-zjgyrcztyjxs04）。

作者简介：倪逸群，女，上海人，华东师范大学经济与管理学院 2023 级硕士研究生，主要研究方向为思想政治教育。李卓航，男，吉林长春人，华东师范大学团委副书记，主要研究方向为思想政治教育。

1 青年人才全球胜任力培养：发展概况、内涵解读与时代要求

1.1 全球胜任力的概念缘起与发展

“全球胜任力”的概念源于“二战”后兴起的国际理解教育思潮。1946年，联合国教科文组织在第一届大会上正式提出“国际理解教育”概念，以期增进不同民族国家间的了解、促进国际合作。[1] 随着经济全球化进程的加速和时代的飞速发展，加强国际交流与合作对于深化国际合作的重要性日益凸显。为此，美国国际教育交流协会（Council on International Educational Exchange，CIEE）于 1988 年发表了《关于培养全球胜任力的教学》的重要报告，强调了培养全球胜任力的紧迫性和必要性。

进入 21 世纪，“全球胜任力”逐渐成为教育领域关注的焦点，其理论框架不断完善，实践经验不断丰富。2016 年 5 月，经济合作与发展组织（Organisation for Economic Co-operation and Development，OECD）发布了《培养全球胜任力：促进更加包容的社会》，并提出了评估青年人对全球性问题的理解和多元文化包容态度的方案。[2] 基于此，该组织决定在 2018 年的 PISA（Programme for International Student Assessment，国际学生评估项目）测试中正式引入全球胜任力概念，并对其进行科学评估。[3] OECD 对全球胜任力给出了明确定义，即“能够认识和分析本地、全球和文化议题，理解和欣赏不同文化背景下的观点和世界观，与不同文化背景的人进行开放、得体且有效的互动，并采取行动为集体福祉和可持续发展作出贡献”[4]，以此推动全球教育的持续发展。

在国际组织的积极推动下，全球胜任力已上升为一个普遍适用的教育目标，并逐步从理论探讨迈向实践探索的轨道，为培养具有国际视野和全球胜任力的优秀人才奠定了坚实基础。

1.2 国内外高校全球胜任力培养先进案例分析

1.2.1 哈佛大学：以通识教育为核心的全球胜任力培养

哈佛大学在全球胜任力理论研究与教育实践领域处于领先地位，是全球化人才培养的先驱者，其育人使命为“通过哈佛学院的博雅与科学教育塑造

的变革性力量来培养未来世界的领导者”。

在课程体系构建与革新方面，哈佛大学多次推进通识教育改革，以精准对接全球化时代对人才的新要求。进入21世纪后，哈佛大学先后于2007年及2016年实施了两次规模较大的通识教育改革，显著体现了其从“美国本土大学”向“世界性大学”的转型的理念，紧密契合了全球胜任力培养的迫切需求。2007年的改革举措标志着哈佛大学正式将国际视野融入通识教育的核心目标之中，着重培养学生的全球化理解与应对能力，具体措施包括推广小班化教学以增进师生互动，激励人文专业学生涉足科学领域，以及积极推动学生海外交流项目。2016年，哈佛大学进一步丰富了通识教育的内涵，确立了四大全球性目标：公民参与、社会传统认知、道德维度审视及行动响应能力，旨在全方位增强学生的全球公民意识。2019年，随着改革的正式落地，哈佛大学将学院课程体系重构为“4+3+1”模式，其中，“4”代表通识教育课程（涵盖美学与文化、道德与公民、历史社会个人、科学技术与社会四个方向），“3”代表学部课程分布，“1”则指运用数据进行定量推理的能力培养（Quantitative Resoning with Data，QRD）。[5] 这一系列改革不仅深化了通识教育的广度与深度，也体现了哈佛大学在全球化背景下对人才培养模式的深刻思考与积极应对。

1.2.2 清华大学：系统统筹的全球胜任力培养

清华大学作为中国高等教育领域内率先推行全球胜任力教育的先驱，于2016年在其《清华大学事业发展“十三五”规划纲要》中，明确界定了国际化人才培养的新目标，旨在“建立‘清华设计、全球培养’的人才培养新模式，培养具有全球胜任力的拔尖创新人才”。同年，清华大学发布了《清华大学全球战略》，详细规划了全球胜任力培养的总体蓝图、核心路径及战略焦点。次年11月，清华大学进一步推出了“国际化能力提升计划”，围绕人才培养体系优化、国际合作与交流机制强化以及“国际化校园建设”三大支柱，精心构建战略框架，旨在确保全球胜任力培养目标的有效实施与达成。

在管理体制的改革层面，清华大学深入实施旨在塑造“国际化管理”与服务团队的行政革新举措。为提升教职工队伍的国际化素养，选派多名教职工赴海外参与“国际学生辅导员行政管理国际化能力提升项目”，在新加坡国立大学、南洋理工大学、马来亚大学等高等学府接受全英文课程培训、沉浸式文化体验及实地考察学习。此外，新设了学生全球胜任力发展指导中心，推动国际学生管理模式的革新，并组建了一支国际化的教学团队，同时启动了“苏世民学者项目”与“全球创新学院”两大特色鲜明的全球化人才培养专项。

在优化学习环境方面，清华大学从硬件设施与软性氛围多维度着手，不仅促进了跨文化与跨学科的深度融合与交流平台的建设，还创新性地构建了中外学生朋辈互助教育体系与开放性社区，彻底打破了以往中外学生分隔的住宿与学习模式，为培养具有全球视野与跨文化沟通能力的人才奠定了坚实基础。

1.3 基于中国文化的全球胜任力的内涵解读

自改革开放以来，我国始终恪守积极参与全球治理的核心理念，以大国责任与担当为指引，在应对全球危机与挑战、维护世界和平与发展、构建合作共赢的新型国际关系等诸多领域扮演着举足轻重的角色。长期以来，我国坚定不移地参与二十国集团、金砖国家、上海合作组织等重要多边合作机制的建设，并成功发起“一带一路”倡议等，为全球治理体系注入了新的生机与活力。全球化人才是推动实现新全球化愿景的关键支撑，习近平总书记曾明确阐述：“各国青年应该通过教育树立全球眼光、增强合作意识，共同开创人类社会美好未来。”[6]

然而，在我国目前的发展进程中，尚存在一些亟待解决的问题。特别是在国际组织人才培养方面，我国的投入和力度仍有待加强。同时，针对个人国际化知识与能力、全球素养等方面的教育供给相对有限，在一定程度上制约了我国在全球治理中的深入参与和影响力。习近平总书记强调，参与全球治理需要一大批熟悉党和国家方针政策、了解我国国情、具有全球视野、熟练运用外语、通晓国际规则、精通国际谈判的专业人才。[7]以培育全球胜任力为教育目标，不仅有助于提升我国人才的国际竞争力，更与人类命运共同体的理念高度契合。因此，我们必须深刻认识到全球胜任力教育的重要意义，积极倡导并大力推进其在我国教育体系中的全面深入实施。坚持以人类命运共同体为价值引领和实践指导，构建具有鲜明中国特色的全球胜任力人才培养体系，为我国深度参与全球治理提供坚实可靠的人才支撑和保障。

1.4 我国高校“全球胜任力”发展及培养初探

高校依托其广泛的国际合作网络、卓越的本科生群体以及丰富多样的教学资源，为构建具备全球竞争力的创新型人才培养模式、培育具备高水平国际视野的优秀人才、塑造具有国际一流水准的大学形象奠定了坚实而稳固的基础。为鼓励高校开展全球胜任力培养工作，2020 年 6 月，教育部等八部门印发《关于加快和扩大新时代教育对外开放的意见》，强调“要把培养具有全球竞争力的人才摆在重要位置”，并“加快培养具有全球视野的高层次国际化人才”。

当前，关于高校全球胜任力培养的研究主要集中在以下四个方面。第一，讨论高校在全球胜任力教育方面的理念和战略。如借鉴美国经验，探讨以学生为中心的国际化教育策略[8]；以浙江大学为例，构建研究型大学国际化的理论与实践框架[9]。第二，研究全球胜任力教育的培养目标，主要包括外语沟通能力、全球化知识和技能的掌握等[10]。第三，分析构建支撑全球胜任力培养的组织架构，如国际合作网络、教学管理、师资队伍和领导机构的构建等[11]。第四，研究全球胜任力的培养路径和方法，主要包括课程主导的教育模式、实践重点的培养方式，以及专题学习活动[12][13]。

2 书院制下青年人才的全球胜任力培养

2.1 全人教育与多维学习

相较于传统教育模式，书院制教育模式以全人教育理念为基石，致力于全面塑造学生的智力、情感、道德、审美和社会性等综合能力，从而培育具备全面能力和均衡人格的个体，因此在培养全球胜任力方面展现出独特优势。首先，书院制教育模式强调多维度学习，不仅聚焦于学生的学术和专业能力，更重视创新思维、批判思维以及终身学习等智力和非智力因素的全面培养。其次，书院制教育模式高度重视通识教育和非正式学习的结合。通识教育旨在培养学生的人文和科学素养，锻炼其思维能力；而非正式学习则侧重构建多元化的学习环境，有助于增强学生的文化意识和敏感性。二者结合帮助学生在尊重和欣赏多元文化的基础上有效进行跨文化交流，提升全球竞争力。

2.2 文化交流与环境建设

书院制更强调师生间的亲密互动，从而形成类似社区的学习与生活环境，对于增进师生间及学生间的沟通交流具有显著成效，帮助他们更加深入地理解彼此的观点。书院制教育倡导学生共同学习、共同生活，有助于学生建立跨文化的友谊与情感纽带，同时交叉式学习模式能够有效拓宽学生的知识视野，增强其在解决复杂问题时的思维广度。因此，书院制教育有助于学生突破学科壁垒，从多角度审视全球性议题。此外，书院制高度重视书院文化建设，通过举办学术、文化和社会活动，促进交流互动，强化非正式学习环境建设，有助于培养学生的文化意识，提升其在真实语境下的跨文化交流能力。

2.3 社会责任与全球视野

书院制经常组织以讨论为主的小班化课程或研讨会。在研讨中探讨气候变化、能源危机、贫富差距、文化冲突等全球性问题，能让学生对当今时代下的国际局势有更深入的了解，进而推动以思考为出发点构建综合性的教育体系，有助于培养学生的创新思维和批判性思维。并且书院制鼓励学生参与服务学习项目，让学生在实践中应用知识与技能，加深其对社会责任的认识和承诺。书院制另一特点在于鼓励学生担任领导角色，而非传统教育模式那样以教师为绝对核心，这使得学生能在学术项目或书院活动中得到组织沟通和领导能力的锻炼，同时强化其对伦理道德、价值观念的重视。

3 书院制下青年人才全球胜任力培养的现状分析

尽管我国青年人才的全球胜任力培养取得了诸多进展，但以书院制培养青年人才的全球胜任力，依然面临着诸多问题与挑战。鉴于此，本研究采用定量研究方法，通过随机抽样分别针对上海 4 所高校教师和学生展开调研，重点探索书院制下青年全球胜任力培养存在的问题，分析其成因和影响，继而为后续提出解决策略和改进措施奠定基础。其中，针对教师发放 129 份问卷，回收有效问卷 117 份，回收有效率为 90.70%；针对书院学生发放 673 份问卷，回收有效问卷 631 份，回收有效率为 93.76%（图 1）。

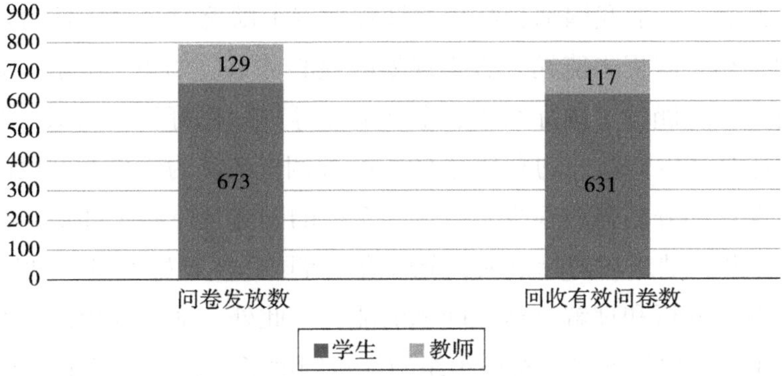

图1　问卷发放情况

3.1　功能认知度矛盾：全球胜任力培养认知度不足

一方面，调查研究发现，部分高校大学生对于全球化的认知与理解呈现差异。受访学生对其文化知识与理解程度作出1—5分的评分（1为最低，5为最高），调查结果的平均值如表1所示。多数学生至少掌握了除本国语言外的一门外国语言，且对其他国家的历史、地理基本、政治经济体制等相关知识较为了解，对风俗与宗教了解程度较低。针对“是否经常关注国际时事热点及重大国际事件”“是否能够理解全球化的含义及其影响”两个问题的评分平均值分别为3.57和3.41，表明当今高校大学生对国际动态较为关心，能够及时了解时事热点、关注重大事件，但对于全球化的认知与理解还有所欠缺。

表1　学生对文化知识的了解与理解程度自评分（1—5分）

题项	平均值
是否了解其他国家的地理知识	3.36
是否了解其他国家的历史知识	3.41
是否了解其他国家的政治经济体制	3.32
是否至少掌握一门其他国家的语言	3.76
是否了解其他国家的风俗与宗教	2.93
是否经常关注国际时事热点及重大国际事件	3.57
是否能够理解全球化的含义及其影响	3.41

另一方面，目前我国部分高校在课程设置上缺乏对全球胜任力培养重要性的认知，相关课程未能纳入教学规划的核心环节。如图 2 所示，调研“学校课程内容是否涵盖了国际组织、全球治理等国际视野相关知识”发现，不论是教师还是学生群体，均有超过 60% 的被调查者认为学校所开设的全球胜任力培养课程部分涵盖或很少涵盖较为全面的国际视野相关知识，存在课程内容过于泛化，缺乏对国际组织、全球治理等国际视野相关知识的深入教学，导致学生缺乏分析和理解全球性问题的能力。此外，部分高校缺乏对国际组织的深入了解，仅能通过浏览该组织的规章制度了解其运作规律和工作方式，导致高校的课程设计和教学方法与国际标准错位，难以充分培养学生的国际视野和实践经验。

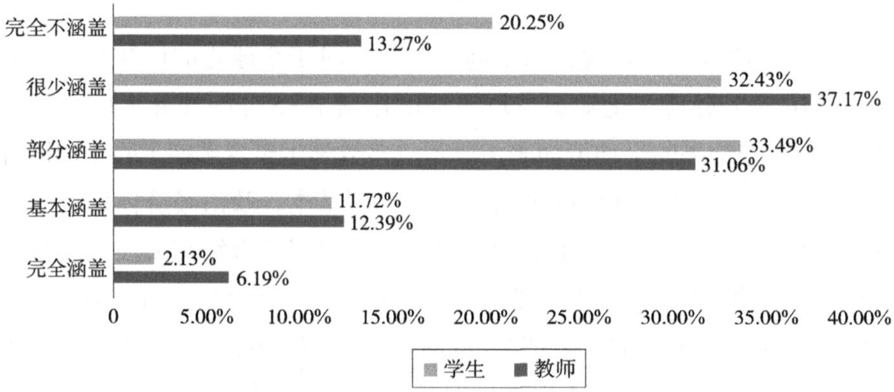

图 2 “学校课程内容是否涵盖了国际组织、全球治理等国际视野相关知识”调研结果

3.2 供需匹配度矛盾：师资队伍建设水平不足

据调研，尽管大多数学生目前没有出国（境）留学的意向，但仍有相当一部分学生通过各种形式的国际项目获得了国际化的教育体验。具体而言，近 33% 的受访学生日后有出国留学的意向；相对地，67.19% 的大学生可能由于个人规划、经济因素或对国内教育环境的偏好，暂时没有出国（境）留学的计划（图 3）。

进一步分析参与出国（境）学习或交流活动的情况，调研结果如图 4 所示。39.49% 的受访学生表示他们没有参与过任何形式的出国（境）学习或交流活动，占比最高。有过相关出国（境）学习经历的学生中，寒暑假研学交流形式最受欢迎，占比为 16.23%，此类项目有助于帮助学生在短期内体验外国文化氛围、掌握文化知识、提升语言技能等。其次为中外联合培养项目，占比为 13.81%，此类项目有较为成熟的制度保障，且与学术发展紧密相关，能够帮助学生在专业领域获得国际化的教育背景。海外学术会议，交流 / 交换项目（一学期及以上），访学项目这三类相对占比较低，分别约 11%、10%、6%。海外实习实践、志愿服务项目的参与度最低，仅为 3.57%。可见，目前高校所提供的出国（境）交流学习机会较为丰富多元，但受众群体有待进一步拓展，部分高校学生显示出对国际经验的积极追求。

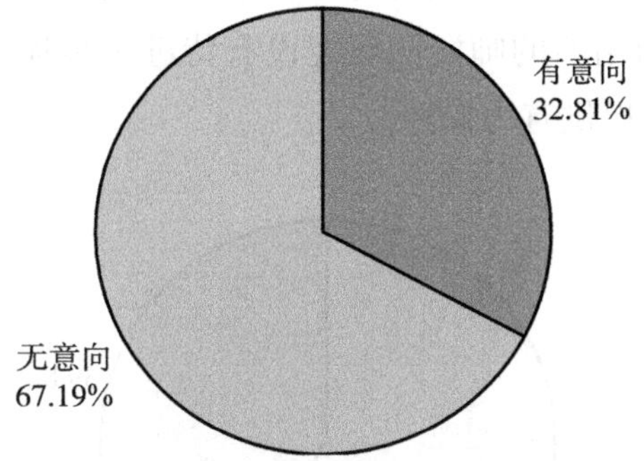

图 3　学生“是否有意向出国（境）留学”调研结果

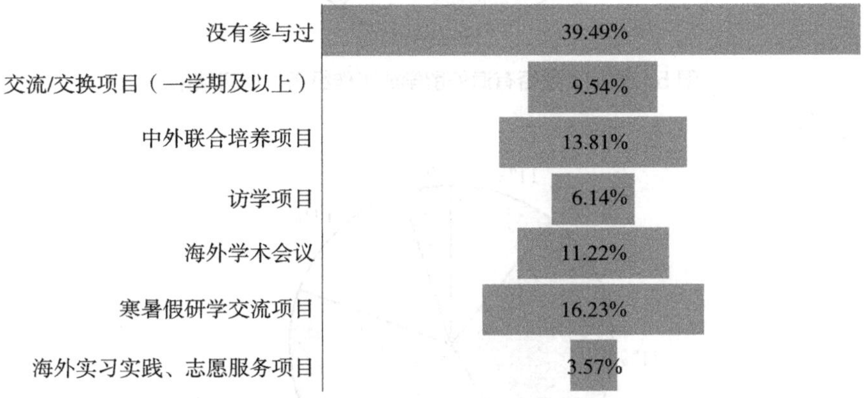

图 4　学生“是否参与过出国（境）学习或交流活动”调研结果

而培养学生的全球胜任力，要求教师具备较强的跨文化交际能力，能以其国际化视野参与国际合作项目。尤其是采取书院制的教育模式，对教师能力的要求更高。而这种能力需要持续的专业学习和时间积累，如参加国际学术会议、开展国际合作研究等。调研发现，目前部分书院制教育在师资方面存在明显短板，导致一定的供需矛盾。一方面，海外留学或工作经历的专业教师数量不充足，导致教学内容和教学方法与国际接轨程度不高。经调研（图 5），教师群体中超过一半的教师缺乏海外经验，在一定程度上限制了他们在教学内容和方法上与国际接轨的能力。另一方面，部分教师对全球胜任力培养的理念和方法理解不够深入。根据被调查教师的自我评价，如图 6 所示，仅 5% 的教师认为自身对全球胜任力培养理念和方法掌握非常深入，绝大多数教师（约 70%）的掌握程度为一般或浅显，更有 11% 的教师对全球胜任力理解很欠缺，难以有效指导学生的跨文化学习和实践。因此，在书院制背景下，高校全球胜任力培养的师资队伍建设有待进一步加强和健全，从而为学生的全球胜任力培养提供有力保障。

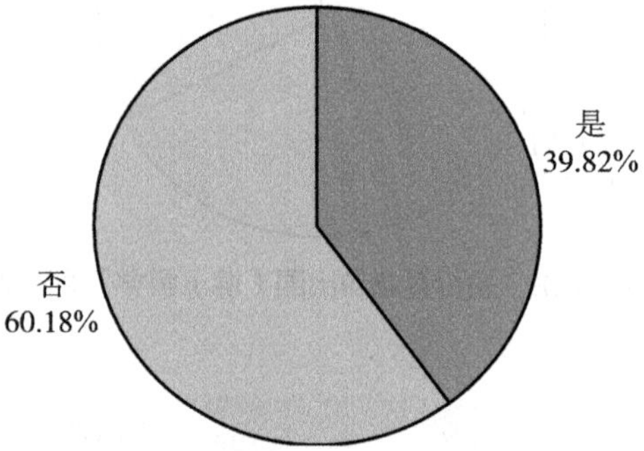

图 5　教师“是否有海外留学或工作经历”调研结果

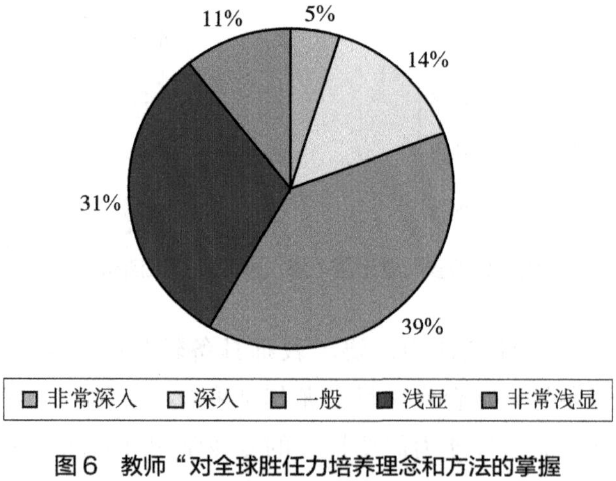

图 6　教师“对全球胜任力培养理念和方法的掌握程度的自我评价”调研结果

3.3 文化认同感矛盾：学生参与度不均，文化自我认同感缺位

书院制教育强调学生的主体性和参与性，但在实际学习生活中，学生的参与度往往存在显著差异。一部分学生对全球胜任力培养的重要性认识不足，缺乏主动参与的积极性；而另一部分学生则因个人兴趣、专业背景等因素，对跨文化学习和实践表现出较高的热情。这种不均衡性影响了全球胜任力培养整体效果，也容易导致部分学生在全球化背景下的发展受限。

调研发现，部分高校存在大学生的文化自我认同感培养不足的问题，部分学生对本土文化教育缺乏兴趣，盲目崇拜国际文化（图 7、图 8）。全球化背景下，以互联网为载体实现的信息和文化快速流动，会削弱学生对本土文化价值的认知，使其对传统文化产生疏离感，并进一步减弱其对本民族文化的认同感和归属感。从学校教育的角度来看，部分学校缺乏将文化自信融入专业教育的尝试，难以通过专业课程促进学生对本土文化的认同和传承，开展相关教育也可能缺乏与学生实际需求和兴趣点的结合，致使本土文化教育缺乏吸引力和感召力，出现学生盲目崇尚国际文化而加剧文化自我认同感缺失的问题。因此，书院制教育需要更加关注个体差异，通过个性化的培养方案和激励机制，激发学生的主动性和创造性，在加强本土文化教育的同时促进全球胜任力的全面提升。

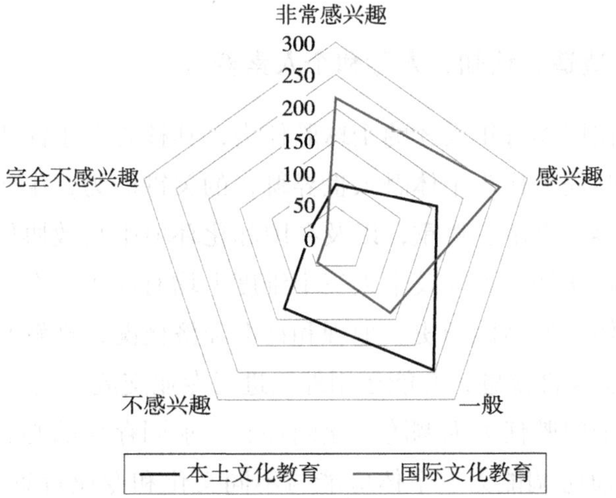

图 7　学生“对本土和国际文化教育的兴趣程度对比”调研结果

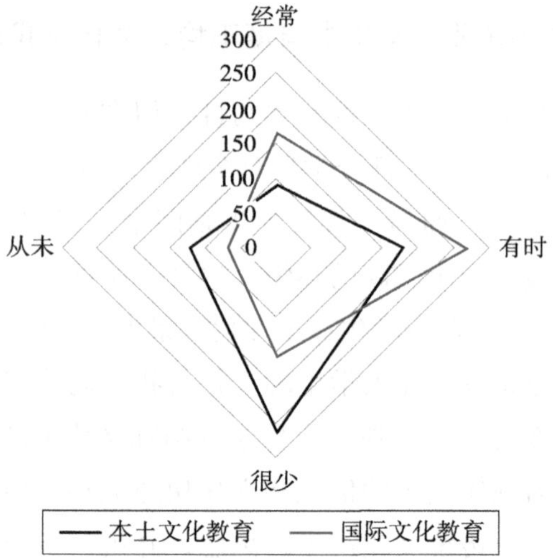

图8　学生“对本土和国际文化教育的参与频率对比”调研结果

4　书院制下培养青年人才全球胜任力的提升策略

针对高校青年人才全球胜任力培养中存在的诸多问题，书院制教育模式以其独特的教育哲学和实践方式，为青年人才的全球胜任力培养提供了新的路径和方法。为此，需结合书院制的优势和特点，探索出更有效的培养策略和工作路径。

4.1　理念塑造：认知、人际和个人素养

书院制旨在培养青年人才的全球胜任力，其核心在于深化对全球胜任力的理解。全球胜任力作为个体融入世界舞台的关键能力，主要包括对不同国家与文化的包容、理解、尊重，以及在国际化环境中高效协作完成任务的能力。这一能力在认知、人际及个人三个维度上均有体现。在认知层面，全球胜任力要求个体掌握多国历史、地理和社会经济概况，理解文化差异与信仰多样性，关注全球性议题，并能运用外语进行专业交流，欣赏不同文化习俗。在人际层面，全球胜任力强调跨文化同理心，求同存异的心态，以及卓越的团队合作和沟通协调能力。个体应能与不同文化和专业背景的人友好交流，化解冲突，促进多元文化团队的凝聚力。在个人层面，全球胜任力要求个体深刻认识本民族文化及价值观念，自信得体地表达观点，并具备高度的社会

责任感和道德感。

4.2 课程设计：跨学科的课程整合

以培养青年人才的全球胜任力为核心目标，书院制课程设计应聚焦于跨学科整合，通过融合不同领域知识，拓宽学生的分析视野。书院制应深度整合经济学、政治学、社会学、历史学等多学科内容，并与专业课程相互融合，形成有机整体。在课程内容上，书院制将全球性问题与多学科知识相结合，如全球气候变化议题，涉及物理学、经济学、政治学以及社会学和文化学等。这种融合不仅丰富了课程内容，也提升了学生分析和解决问题的能力。借鉴国际先进经验，书院制可采取线上授课模式，邀请知名教师教授国际前沿知识，帮助学生了解国际社会的发展趋势，培养全球视野和批判性思维能力。同时，书院制注重实践教学，通过跨学科项目和真实案例研究等方式，让学生在实践中学习和应用知识，提升解决复杂问题的能力。此外，书院制积极寻求与国内外高水平教育机构的合作机会，共同推进全球胜任力培养工作，通过与国际知名大学和研究机构的合作，引进优质教育资源，为学生提供更广阔的发展空间和机会。

4.3 师生选拔：多元文化的环境塑造

书院制教育应当精心挑选来自不同文化背景与国家的师生，共同构建一个多元化且富有深度的学习环境，不仅为学生们提供一个更为宽广的文化交流平台，使其深入了解世界各地的风土人情和文化精髓，更通过日常的文化交流活动，推动书院文化的建设与发展，从而培育出具备全球视野、能够尊重并理解不同文化价值观念的新一代青年。同时，书院制教育所构建的国际性社交网络，对于学生未来的学术研究和职业发展具有积极的促进作用。在选拔师生时，书院制教育应坚持全面、客观、公正的原则，综合考虑学术成绩、领导潜力、社会责任感以及全球视野等多方面的综合能力，通过深入分析学生的社会实践经历、面试表现以及申请材料的撰写水平等因素，进行科学筛选与评估。此外，国际师资的引入也将为学生在探讨全球性议题时提供更为广泛和深入的视角，帮助他们避免思维局限，提高有效沟通能力，更加全面、客观地认识和理解世界。

4.4 语言教育：交流习惯与规范教育

以培养青年人才全球胜任力为目标的语言教育，不仅体现在语言学课程和专业方向的跨语言沟通培训方面，更体现在基于文化语境的交流习惯和规范方面。在书院制模式下，学校首先应营造多语言的学习环境，鼓励学生至少掌握一门外语，并提供包括英语、法语、阿拉伯语、西班牙语等常用语言在内的国际语言课程，且课程内容不应仅局限于教授语言技能，而是应涉及语言背后的文化习俗、历史背景和社会环境，通过文学、电影、音乐等艺术研究切实提升学生的语言文化掌握能力，鼓励学生使用外语进行讨论、演讲和写作，让学生在实践中锻炼语言技能。可通过海外学习、国际志愿者服务等国际交流与合作项目，让学生在社会实践中得到语言能力和文化理解能力的锻炼。针对跨文化交际中的文化误解问题，可通过组织研讨会等方式，总结特定文化的交流障碍和常见误解，帮助学生克服障碍、提升交际能力。此外，为加强语言学习的非正式学习环境建设，书院可组织多种类型的文化节日和庆典活动，让学生能有机会展示家乡文化并学习其他文化，从而促进文化的相互包容、相互理解、相互欣赏。

4.5 伦理教育：探索伦理性的社会议题

道德与责任观念是全球胜任力的核心要素之一。其要求青年人才能够在重大事项的决策上恪守道德观念，并为自己作出的决策负责，同时要以推动人类可持续发展作为根本目标。依托书院制培养学生的道德与责任观念，首先要将伦理问题融入各学科课程之中，结合人文、社科、自然科学等领域的具体问题，分析问题背后所呈现出的伦理问题及其应对方法。如在商业课程中融入商业伦理问题的讨论，在国际关系课程中探讨各国政治倾向、意识形态和人权问题，让学生能在具体的学科背景下加深对伦理问题的了解。同时开设专门的伦理课程，集中探讨包括但不限于商业、环境、生物等现代伦理问题，通过哲学层面的研究和探讨来加深学生对道德伦理的重视。应积极开展模拟游戏和案例研究，让学生能在模拟真实世界的复杂情景下探讨伦理决策，让学生不仅能在学术方面取得成绩，更能成为具有道德观念和全球责任感的公民，为世界的发展作出有益的贡献。

参考文献

[1] 姜英敏 . 全球化时代我国国际理解教育的理论体系建构［J］. 清华大学教育研究，2017，38（1）：87–93.

[2] OECD. Global competency for an inclusive world［R/OL］. Paris：OECD Publishing，2016［2024–04–12］. https：//www.oecd.org/pisa/aboutpisa/global–competency–for–an–inclusive–world.pdf.

[3] OECD. PISA 2018 assessment and analytical framework［M/OL］. Paris：OECD Publishing，2018［2024–04–12］. https：//www.oecd.org/pisa/Handbook–PISA–2018–Global–Competence.pdf.

[4] OECD. Preparing our youth for an inclusive and sustainable world：the OECD PISA global competence framework［R/OL］. Paris：OECD Publishing，2018［2024–04–23］. https：//www.oecd.org/education/Global–competency–for–an–inclusive–world.pdf.

[5] 李会春 . 多元化时代的通识教育实践：哈佛大学新一轮通识教育改革省思［J］. 高教探索，2018（5）：62–68.

[6] 习近平 . 致首届清华大学苏世民书院开学典礼的贺信［N］. 人民日报，2016–09–11（1）.

[7] 习近平 . 加强合作推动全球治理体系变革 共同促进人类和平与发展崇高事业［N］. 中国一带一路网，2016–09–28.

[8] 季波，刘毓闻，陈龙，等 . 美国高校国际化人才培养模式的特征与启示——以美国五所知名研究型高校为例［J］. 华南师范大学学报（社会科学版），2019（6）：73–80.

[9] 宋永华，王颖，李敏，等 . 研究型大学国际化“4S 发展战略”理论与实践——以浙江大学为例［J］. 教育研究，2016，37（8）：152–159.

[10] 姚威，储昭卫 . 新全球化背景下研究型大学本科生全球胜任力培养模式构建——基于内容分析法的多案例研究［J］. 教育发展研究，2021，41（23）：21–29.

[11] 宣华，郭大勇，周蕊，等 . 国际化办学教学管理模式的探索与实践［J］. 清华大学教育研究，2006，27（S1）：102–105，114.

［12］滕珺，张婷婷，胡佳怡．培养学生的“全球胜任力”——美国国际教育的政策变迁与理念转化［J］．教育研究，2018，39（1）：142–147，158.

［13］徐辉，陈琴．人类命运共同体视域下全球胜任力教育的价值取向与实践路径［J］．比较教育研究，2020，42（7）：3–11.

基于滞后序列分析的高中信息技术课堂的师生互动效果研究

陈　蓉　蔡　跃　刘铖玉

摘　要：在教育数字化转型背景下，信息技术课程作为培养公民数字素养的关键载体，其课堂互动质量对教学成效具有深远影响。本研究以 IRF 话语结构为理论框架，结合 ITIAS 编码体系与滞后序列分析法，对 10 节高中信息技术课堂的师生互动行为展开深度分析，重点探讨高中信息技术课堂中师生互动行为效果，并通过构建显著行为序列转换图，进一步对比不同性别的教师课堂中互动行为结构。整体来看，高中信息技术课堂都有完整的教师发起——学生回答——教师反馈的结构，基于此还出现多反馈与多回应的师生互动结构。基于不同性别的教师视角，对比分析师生互动行为，从微观角度发现无论是男教师还是女教师的课堂，发起行为都由教师启动，学生启动主动性和深入思考还有待提升。

关键词：滞后序列分析；ITIAS；高中信息技术；师生互动

1　引言

随着互联网、人工智能等技术的发展，数字化转型受到了广泛的讨论与研究，党的二十大报告不仅对教育数字化转型作出了明确指示，也提到要深

作者简介：陈蓉，女，福建泉州人，同济大学职业技术教育学院教育技术专业 2022 级硕士研究生，主要研究方向为教育技术。蔡跃，男，河北秦皇岛人，同济大学职业技术教育学院副教授，博士，主要研究方向为教育技术、职业技术教育。刘铖玉，女，江西萍乡人，同济大学职业技术教育学院职业教育专业 2022 级硕士研究生，主要研究方向为职业教育。

化教育领域综合改革，促进基础教育高质量发展。面对教育数字化转型的发展需要，聚焦数字化竞争力，提升公民数字素养就成为信息技术教育所面对的新挑战。[1] 而在基础教育阶段，数字化转型的核心是课堂，其最终的落脚点在人才培养上。[2] 由此可见，课堂作为学校教育的主阵地，信息技术课堂中教与学的质量直接影响教育数字化转型和高水平人才队伍建设进程，因此，高质量的信息技术课堂越来越成为该学科教学的重要目标。

一个高质量的课堂不能缺少的环节是师生互动，它需要教师的“教”与学生的“学”共同参与。当课堂有着一个积极的师生互动行为时，学生能够更好地参与课堂活动，拥有学习动力和主动性，学习兴趣和参与感也会增强。从高中信息技术课独特的学科特征来看，师生互动有助于激发学生的思维能力和创造力，培养解决问题的能力和团队合作精神，同时也能够促进学生的批判性思维和信息素养的发展，使他们更好地应对信息社会的挑战。此外，通过与学生的互动，教师可以实时了解学生的学习状态和理解程度，及时调整教学策略和内容，提供个性化的指导和反馈。因而，师生互动行为效果影响着课堂教学质量和师生发展。

然而，较少有研究对高中信息技术课堂进行师生互动行为分析，因此，本研究旨在基于滞后序列，分析高中信息技术课堂的师生互动行为现状，从而深入探究高中信息技术课堂中师生互动行为的效果，为提高课堂师生互动行为和信息技术课堂教学质量提供参考。

2　文献综述

2.1　师生互动行为编码与滞后序列分析法相关研究

常用的量化师生互动行为的工具有弗兰德斯课堂互动行为分析系统（FIAS）、S-T 分析法和基于信息技术的课堂互动分析系统（ITIAS）。[3] S-T 分析法将教学行为分为学生行为（S）和教师行为（T）两类，通过采样行为绘制 S-T 图，计算并画出 Rt-Ch 图，这种方法将行为分类简化，计算简单，但局限于不能明确对教学中的具体行为进行分析。[4] FIAS 是由弗兰德斯（Ned Flanders）在 20 世纪 60 年代提出的较为成熟的教学行为量化分析工具[5]，用于观察和分析课堂内教师与学生之间的言语互动，这套编码系统根据教师和学生的言语行为以及沉寂状态进行分类，总共有 10 种不同的互动行为编码。[6] 2004 年顾小清和王炜针对 FIAS 编码系统中的局限性进行改进，提出了 ITIAS 编码系统，增加了师生与信息技术的互动行为。[7] 传统的分析方法是对课堂行为编码得到数据后，通过迁移矩阵解释课堂行为出现频率的比例。这种分析方法只是呈现出行为的频次和百分比，无法将教学过程中的行为进行有效关联。[8] 另外，有学者提出借助这类互动分析工具（FIAS、ITIAS 等），对视频案例进行编码并从量化的角度分析课堂教学行为，但如果量化分析只是聚焦于对课堂行为频数、时间占比等课堂数据统计，仍需对课堂行为之间进行主观论述，就会导致缺乏对课堂行为的客观运作规律分析。[9] 然而，Sackett 于 1978 年提出的滞后序列分析方法可以较好地解决这一问题。[10] 滞后序列分析（Lag Sequential Analysis，LSA）主要目的是检验人们在实施某种行为后，另一行为出现的概率，以及这种概率在统计上是否达到显著水平。它需要选择一个行为作为给定事件，接着发生的行为作为目标事件，形成行为序列，当达到显著性就意味着行为序列不是随机发生的，而是某一给定行为事件发生后有极大概率会发生目标行为。[11] 冯仰存认为，滞后序列分析方法能探索在复杂的交互行为序列中出现的相互依赖关系，分析行为转移序列出现的次数是否能呈现统计学意义上的显著性，进而展现行为模式。[12] 唐瑗彬认为，滞后序列分析方法用于检验一种行为之后另一种行为出现的概率及其是否存在统计意义上的显著性，采用该方法能更直接地观察中职课堂师生互动行为的序列关系，进一步对师生互动行为转换深入分析，从而明确中职课堂师生互动行为的过程与特点。[13] 刘革平针对语文智慧课堂的教学过程，对优秀课例和普通课例的课堂行为序列进行滞后序列分析，得到两类课例的显著行为序列，发现影响课堂互动质量的关键因素，并提出优化有效的言语互动策略，从而提高课堂互动质量。[14] 基于已有研究可以总结出在课堂应用滞后序列分析（LSA）师生互动行为的步骤：首先，根据研究的具体内容，参考或创建合适的编码表来对课堂中的行为进行分类和标记。其次，在进行课堂观察或收集数据的过程中，按照编码表对待分析的行为进行编码。这包括对教师的教学行为、学生的学习行为等进行系统的记录。再次，整理编码后的数据，以确定各种行为之间的时间顺序和转换关系，从而生成行为序列。接着，借助 GSEQ 软件统计分析得到调整后的残差值（Z-score）等，来判断行为序列的出现频率是否具有统计学意义。然后，根据显著性分析的结果，绘制行为转换图，图中节点代表各种行为，连接节点的线表示具有显著意义的行为序列，有助于直观展示行为间的转换路径。最后，根据行为转换图及显著性分析结果，分析课堂中的关键行为序列，并为教师的教学改进和学生的学习效果提升提供建议。

近年来滞后序列分析方法被用于许多课堂师生互动行为研究中，如朱小甜基于ITIAS编码系统对智慧学习环境中小学语文课堂师生互动行为类别进行编码，并通过滞后序列分析智慧学习环境下小学语文课堂中新手型教师和专家型教师课堂师生互动的效果分析[15]；王紫莹通过体育课堂观察量表，发现不同性别初中体育教师课堂互动行为表现有所差异[16]；江毅等基于ITIAS编码系统对智慧教室中小学科学课师生互动行为类别进行编码，结合滞后序列分析揭示师生互动背后的行为特征和规律。[17]然而，面对如今数字化转型的时代背景，关于提升学生数字化竞争力与数字素养的信息技术课堂中师生互动行为的研究还相对欠缺。

2.2 课堂IRF话语结构相关研究

1975年，辛克莱和库尔萨德观察到课堂话语有一个明确的框架[18]，即启动（initiation）、回应（response）以及反馈（feedback）的IRF结构。[19]随着对IRF研究的不断深入，它的结构变式也越来越多，按照结构和效果主要有三元结构和非三元结构[20]，三元结构中包含单一结构（I–R–F）、多反馈（I–R1–F1–R2–F2–...Rn–Fn）和多反应（I–R1–R2...Rn–F）；非三元结构包含无反馈（I–R）和无回应反馈（I）。[21]江毅等基于IRF分析课堂中的师生互动结构，将课堂中存在的师生互动分为三种类型：知识传授型、评价反馈型、引导追问型。[21]李小东基于显著行为序列与IRF对话结构理论，总结出小学语文课堂中存在的三种基本互动结构，分别为无反馈式互动、权威式互动与生成式互动。[22]聂昱参考IRF理论的结论，构建博物馆课程师生话语分析框架，发现博物馆课堂中存在五种话语结构。[23]张光陆认为，师生话语互动IRF结构适合简单学习会阻碍学生的深度学习，并且提出促进深度学习的师生话语互动结构应是ID［RF（I）］[24]，但只是论述，并未使用实际案例加以说明。

基于上述分析，本研究采用基于信息技术的课堂互动分析系统编码系统和滞后序列分析方法，分析高中信息技术课堂上师生互动行为，先结合IRF

话语结构分类显著行为序列，探究高中信息技术课堂中师生互动行为的效果，再利用 Gephi 工具绘制显著行为序列转换图，分析不同性别的信息技术教师课堂互动行为序列差异。

3 研究设计

3.1 研究方法与工具

本研究选择高中信息技术课堂师生互动行为作为研究对象，信息技术的使用尤为重要，师生与信息技术互动行为较多，因此选择基于信息技术的互动分析编码系统作为本研究的编码系统。为便于理解，选择江毅等人定义的编码符号。[21] T1—T8 为教师行为共 8 类，S1—S4 为学生行为共 4 类，O1—O3 为其他行为共 3 类，TT、TS、ST 为信息技术使用行为共 3 类，共计 18 类行为。具体行为如表 1 所示。

表 1 ITIAS 编码表

分类	编码	表述	分类	编码	表述
教师行为	T1	教师接受情感	其他行为	O2	思考问题
	T2	教师表扬鼓励		O3	做练习
	T3	教师采纳学生意见	学生行为	S1	应答（被动反应）
	T4	教师提问开放性问题		S2	应答（主动反应）
	T5	教师提问封闭性问题		S3	主动提问
	T6	教师讲授		S4	与同伴讨论
	T7	教师指示	信息技术使用	TT	教师操纵技术
	T8	教师批评学生		ST	学生操作技术
其他行为	O1	无助于教学的混乱		TS	技术作用学生

根据 ITIAS 编码表规定的编码规则，每 3 秒取样一次时间内发生的主要行为类别，按照编码系统规定的意义赋予课堂师生互动行为一个编码符号。本研究采用 GSEQ 软件分析行为编码结果，获得行为序列频次表和调整后的

残差表。如果调整后的残差大于 1.96，则表明该行为序列具有显著性。利用 Gephi 软件制作师生互动行为序列转换图，分析行为序列背后的深层含义，以揭示高中信息技术课堂中师生互动的结构。

3.2 研究样本

本研究从上海市 M 区云录播课堂教学评价系统中，选择 10 节高中信息技术公开课的教学视频进行分析，其中 5 节课为女教师，5 节课为男教师。为了便于观察主要师生互动行为，将每个教学视频控制在 40 分钟左右，剪掉“上课”“老师好”等多余时长，保留主要课堂行为。同时，根据弗兰德斯互动分析系统提出的记录编码的规定，以及后续研究中大多数研究者采取的取样规则，本研究同样按照每 3 秒采集一次行为并记录对应编码。由于 3 秒内可能出现前面持续动作或者两个行为转换，在编码时需要注意对选择时间内发生的主要行为类别进行编码记录，即记录教学行为发生改变时的相应编码。因此，一节 40 分钟的高中信息技术课堂，能得到 800 个编码，10 节课可得到 8 000 个编码。

3.3 编码信度检验

为保证编码的信度，由两位经过培训的编码者对每个教学视频各编码一次。编码序列的一致性检验基于 Cohen’s Kappa 系数值来判定，结果表明 10 个视频编码的 Cohen’s Kappa 系数值均在 0.6 ~ 0.8 之间，适合进行序列分析。

4 数据分析

4.1 课堂师生互动显著行为序列分析

在编码结果中，T8（教师批评学生）行为编码没有出现，说明高中生在课堂中很少走神或者扰乱课堂教学的状况，因此，教师不需要对课堂秩序进行额外管理，教师也没有批评学生。因此，本研究分析中主要涉及 17 类行为编码，10 节公开课中总共有 75 种行为序列达到了显著水平（$P<0.05$）。

本研究基于江毅等人研究的基础，将师生互动行为序列划分为五类：①教师主导行为序列：包括教师发起和学生回应，教师是行为的主要驱动者，引导学生参与课堂互动；②学生回应行为序列：包括学生回应和教师反馈，学生是行为的主要驱动者，对教师的行为做出回应，并接受教师的反馈；③教师反馈行为序列：教师对学生回应的整体反馈，引导学生继续参与课堂互动；④转换的行为序列：包括发起→回应和回应→反馈，行为从教师转移到学生，再从学生转移到教师，形成了一种互动循环；⑤其他行为或课堂混乱相关联行为。

从教师主导行为的两个阶段来看，教师发起阶段的表现是教师讲授、指示、提问和使用信息技术等行为序列。首先，教师在讲授和指示学生时，会持续两个以上的采样点（6 秒），这一行为序列（T6 → T6 和 T7 → T7）在 10 节课中都存在，其中指示学生包括点名学生回答问题，也包括提示学生做练习前的注意事项，表明在信息技术课上教师的指示性语言行为出现可能性较高。其次，10 节课的显著行为序列中教师持续使用技术的行为（TT → TT）出现了 8 次，技术作用于学生（TS → TS）出现了 6 次，说明在高中信息技术课堂中，教师需要持续使用技术为学生做演示，也需要通过技术持续呈现给学生观看，且较常在导入阶段使用视频为学生创设问题情境。此外，极有可能出现教师持续提问（T5 → T5）和提问后采纳学生意见（T5 → T3）的行为，表明信息技术课中教师更倾向于提出问题并持续为学生搭建思考的脚手架，为学生讲清楚问题是什么；当面对简单问题时，高中生并不会主动举手回答问题，而是在 3 秒内简短地集体回答，因此教师也在较短时间内就会重复学生的答案并采纳（T5 → T3），这也反映了高中信息技术课中教师提问简单问题更多的是为了引起学生的注意。而另一个学生回应阶段，主要显著行为序列是学生回答教师的问题以及对问题进行思考。教师提出封闭性问题（T5）的次数较多，这类问题有标准答案，更容易引起学生的被动应答（S1），但是这不代表这类问题不需要思考，教师提问后学生思考问题（O2）的行为序列也达到显著，而教师提出开放性问题（T4），更有可能引起学生的主动应答（S2）行为，这也反映高中信息技术教师更倾向于提问封闭性问题，以确保课堂讲授的进度和教学流程控制。

从学生回应行为来看，一个是学生作为行为主要驱动者，这一阶段主要显著行为序列是学生操作技术、回答和思考问题和同伴讨论。首先，学生回答问题的持续时间较长（S1 → S1 和 S2 → S2），这通常是由于教师指定某位学生回答问题，但学生不会简短作答，而是需要较长时间来思考并给出完整的答复。这也就意味着，学生在被点名回答问题时，往往需要更多的时间来对问题进行深入思考（O2→O2）。其次，在 10 节信息技术公开课中，有 8 节课出现了学生持续操作技术的行为（ST→ST），与教师使用信息技术达到同样的节数（TT→TT，8 节），这反映了高中信息技术课堂中，技术的作用不再只是以支持教师的教为主，而是对学生的学起到同等重要的支持，也表明信息技术学科具有独特的技术实践性和工具性。此外，在学生回应行为中的教师对学生的反馈阶段及教师整体的反馈来看，在学生回答问题（S1）后教师必定会给予反馈，有的是采纳意见（T3），有的是表扬鼓励（T2）；并且，教师采纳意见与提问行为序列是显著的（T3→T5），说明教师在学生没有答出关键答案后并不会急于给出评判或者告知答案，而是采纳学生的答案，在此基础上加以追问，帮助学生理解问题，逐步引导学生思考问题并得到答案，对于信息技术学科来说，这有助于培养学生的计算思维和推理能力。

从整体的师生互动行为转换图来看（图 1），高中信息技术课堂师生互动行为形成了完整的闭环结构，即教师发起（提问）—学生反应—教师反馈。结合对 10 个视频的观察，可以发现在信息技术课堂中，教师会对每一次学生的反应给出反馈，这与其他学科课堂或非正式学习课堂中出现的无反馈行为有所不同。

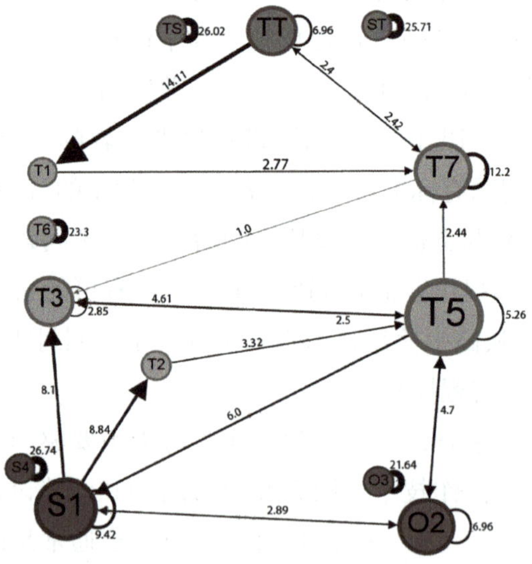

图 1　教师的行为序列转移图

4.2 课堂师生互动在不同性别教师中的行为转换图

根据对 10 节高中信息技术课录像进行深入分析后得出的显著行为序列，使用 Gephi 软件绘制出了行为转换图，可以更直观地展示不同性别信息技术教师在课堂互动行为上的差异（图 2）。

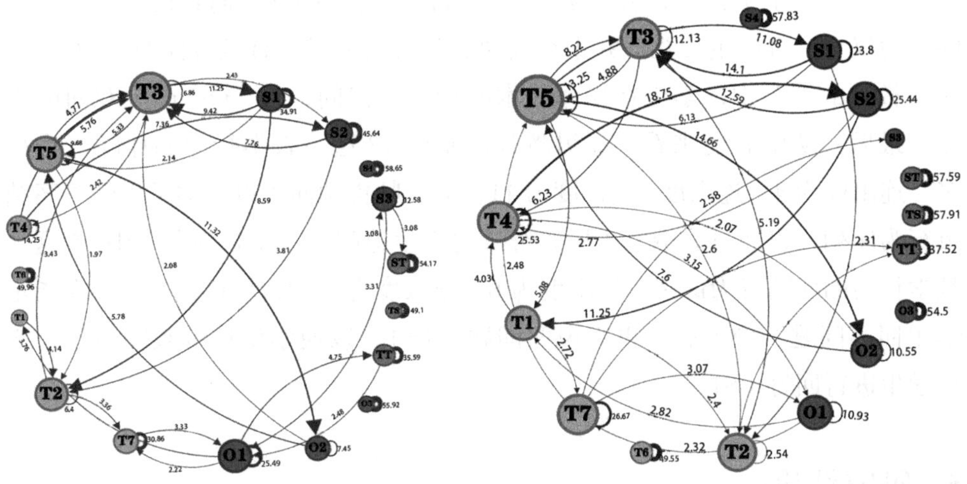

(a) 男教师　　(b) 女教师

图 2　不同性别教师的行为序列转换图

在图 2 中，每个点代表一个行为的发起节点，箭头的指向表示该行为之后伴随的行为。连线上数字表示该行为序列的残差值，数值越大，该行为序列的显著水平就越高。从图 2 可以看出，首先，整体来看男教师和女教师在与学生互动的行为连线上有所不同。男教师更偏向教师控制行为，女教师虽然也有较多的主导行为，但是与学生互动的显著行为序列多于男教师。根据 IRF 理论，男教师通常的发起行为是提问（T5），封闭性问题多于开放性问题，在 3 秒内学生集体回答，紧接着教师就采纳学生们的答案接着讲授知识（T3），较少用指示性语言（T7）点名学生起来回答一个问题，他们更倾向于自己回答，通过讲授（T6）告知学生答案。女教师虽然总体上还是封闭性问题居多，但其提出开放性问题（T4）多于男性教师。此外，女教师的指示性发起行为（T7）多于男教师，女教师在提问（T5、T4）后，倾向于点名指定学生回答（S1、S2），并给予反馈和评价（T3、T2、T1）。其次，从信息技术操作的角度来看，无论是男性还是女性教师，他们的课堂行为中都存在技术作用于学生（TS→TS）这一行为，且这一行为并没有与其他教学行为产生显著的行为序列关系。这说明，在10节课例中，教师播放教学相关的视频等技术手段为学生展示时，并没有和学生产生交互，这时课堂较安静，学生的注意力会被视频内容吸引，教师的关注点更多放在视频是否有问题等技术操作上。在女教师的信息技术课堂中，只有教师使用技术这一行为（TT）与其他教学行为产生了交互，形成了具有显著性的行为序列。而其他与技术相关的行为仅与自身产生交互，并未与其他教学行为形成具有显著性的行为序列。在男教师的课堂中，学生在操作技术时会主动提问，ST与S3产生双向的交互。最后，从中心度来看，在男教师课堂中T3这一教学行为的伴随行为最多，连出度为4，连入度为7，度为11，男教师更倾向于以采纳学生的答案结束行为序列，也通过采纳学生回答继续对学生追问。在女教师课堂中T5这一教学行为的伴随行为最多，连出度为6，连入度为5，度为11，女教师在指定学生回答问题（T7）后会再次说明问题（T5），以便学生理解教师意思，之后学生进行回答（S1）。

5 研究结论

5.1 师生互动形成完整的三元结构，互动更为多样化

在IRF理论出现之前，课堂中普遍存在话语结构是I-R-E（引发—回应—评价），但在这种结构里教师与学生话语是失衡的，教师不仅拥有开始和结束对话的权力，还拥有单方面评价学生的权力。[25]之后越来越多的研究者强调IRF理论，即教师不急于评价学生，而是通过反馈（feedback）来推进与学生的对话互动，学生拥有更多话轮机会，能深入思考某个问题。因此，根据IRF理论，通过分析高中信息技术课堂的行为序列研究结果，可以发现教师与学生之间的互动行为序列以基本的单一结构为主，即教师发起（提问）—学生回答—教师反馈。此外，为培养高中生的计算思维和批判能力，促进学生对知识点的理解，教师通常会对一些问题进行追问，由此大多课堂中出现了多回应和多反馈的结构。在多回应结构中，对于教师提出的问题学生刚开始回答并不够完整准确，这时候教师不会直接评判学生的正误，而是采纳学生的回答，基于此再进一步提问，引导学生进一步思考和回答，直到学生完

整得出结论。在多反馈结构中，对于教师的提问，如学生回答有偏差，那么教师会明确告知学生不正确，学生则会换个角度思考再回答。当回答结束后，教师都会给予反馈和鼓励，有些是口头表扬，有些是给予掌声。因此，可以认为高中信息技术课堂中包含大量的互动形式，教师提问学生的互动、学生提问教师的互动、学生与学生的互动、教师与技术的互动、学生与技术的互动等。这一研究发现既符合 IRF 理论，又拓展和丰富了该理论，即这些课堂互动行为的显著性，对高中信息技术课堂教学活动具有重要影响。教师、学生和技术之间的多样化互动，使课堂氛围得以激活，学生的学习投入度明显提升，每位学生都能积极参与到创作过程中，从而实现了高效的课堂教学互动。

5.2 学科的实践性推动信息技术得到充分利用

相较于语、数、英等主科，信息技术具有独有的特征。在高中信息技术教学过程中，教师处于主导地位，把控着教学的各个环节，在信息技术课程有两个较为明显的教学环节，教师理论讲授和学生练习操作。大多数信息技术课堂的教学环境是机房或智慧教室，方便教师在讲授完知识点后学生能上机实际操作。对 10 节课的分析中，发现有 8 节课的学生操作技术行为（ST → ST）达到显著水平，在学生操作过程中，教师会进行巡视，为薄弱学生提供帮助。信息技术课堂中教师需要先讲解操作的基本概念与逻辑思路，这部分通常是 T6 → T6，讲授行为指向自身，并没有与学生有互动，但在需要学生重点记忆理解的知识点讲授环节时，教师会采用提问的方式，引起学生的重视，这时候与学生有较多互动。然后教师会安排学生实际操作，在机房上机操作。在普通教室的信息技术课堂中，如“算法与程序设计——循环结构”“循环结构三要素”“算法中的常量变量”课堂，学生没有任何电子设备，教师则通过电子白板和黑板做演示，同时为学生准备学习任务单和练习题，为学生搭建理论知识学习的脚手架。由此可见，高中信息技术课堂是集理论性与实践性于一体的课程，要求教师与学生达到对信息技术应用的熟练掌握程度，并能主动且有效地将其融入教学与学习活动中。教师充分利用信息技术手段，广泛展示多样化的教学资源及学生的作品成果，而学生则通过制作 PPT、观看教学视频及上机实践来深化理解[28]，同时，信息技术为模拟实验与学习创作活动提供了强有力的支撑平台。[29] 在课堂这一教学互动场域中，信息技术作为核心要素之一，与教师、学生及教学内容紧密交织，更强调为达成教学目标，需促进教师、学习者与技术之间深度且有效的互动合作。其中，学科的实践性要求教师对信息技术的运用趋近精通，以更好地引领与促进学习过程。

5.3 男教师更专注控制教学流程和快速反馈，女教师更专注互动和个别指导

通过对 10 节高中信息技术课堂师生互动行为频数分析和滞后序列分析，发现男教师更专注于通过控制教学流程和快速反馈来维持课堂秩序和效率，女教师更关注于通过互动和个别指导来促进学生的参与和理解。在高中信息技术课堂中，男教师更倾向于主导课堂，控制教学流程；在提问时，男教师更多使用封闭性问题，以便快速得到学生的回答；男教师在学生回答后迅速采纳答案，并继续讲授知识（T3），较少点名学生个别回答；在演示技术或操作技术时，男教师的操作更多是独立的，这时与学生互动较少。而女教师的课堂中与学生互动的行为序列更为显著，更注重与学生的交流。虽然封闭性问题居多，但女教师提出的开放性问题多于男教师，更能促进更深入的思考和讨论。女教师更倾向于使用指示性语言（T7）点名学生起来回答问题。女教师在提问后，更倾向于给予学生反馈和评价，促进学生学习。由此可见，男女信息技术教师在心理特征、思维方式、行为习惯方面都有其自身的优势和特征，正因如此才能促进信息技术教师课堂教学行为的多元化发展。

6 启示与建议

通过对高中信息技术课堂整体和不同性别教师行为序列的分析，并且利用 IRF 话语结构分析方法，可以发现整体的高中信息技术课堂都有完整的 IRF 结构。同时也可以发现，在男教师与女教师各五节的高中信息技术课中，教师性别在互动行为上存在一些差异，但由于样本量有限，这个结论并不能表明信息技术课堂师生互动存在普遍性别差异。因此，本文更多的是针对高中信息技术教师共同存在的问题提出建议，这也为教师专业发展带来了重要启示。

（1）给予学生更多“回音”的机会，增加学生课堂参与度，促进学生深度学习。在IRF结构中两个话轮（I、F）属于教师，R话轮则属于学生，如果学生回答问题后失去再次发言的机会，则这样教师主导的结构只有利于浅层知识的学习，不利于深度学习的发生。实际上，对于开放性的问题，在教师的回应之后，应该给予学生发言或评价的机会，可以进一步回应教师的推断是否符合学生的想法。这样一来，学生的R话轮里可以多出Rv话轮（R-Rv），即回音（Revoicing），如此教师和学生的话语权力得到了平衡。安德森和布鲁姆的认知目标分类，按照思维的复杂程度将思维分为识记、理解、应用、分析与综合、评价、创造这六个层次[28]，其中前三个层次被认为是“低阶思维能力”，后三个层次为“高阶思维能力”。当学生有更多机会为自己的观点深度思考和表达，并用心倾听他人的发言、在他人观点的基础上形成自己的想法、通过相互追问澄清彼此的观点时，更能促进学生分析综合、评价和创造的深度能力。

（2）提问策略有待进一步优化。尽管教师能够提出开放性问题，但从显著行为序列来看，教师在提问之后等待的时间较短，学生的思考过程较短。[3]提出开放性问题是为了测试学生对知识要点的记忆和理解，如果学生未经思考简单回答，易造成答案的浅显化，对学生的思维发展不利。所以，教师应加强在教学过程中提出开放性问题，并且与学生有更多的互动，当提出问题时，应该根据问题的类型和难度，为学生提供足够的思考时间。在必要的情况下，还应该给予学生启发和指导，以帮助他们更好地思考问题。

（3）为学生主动提问创设轻松愉悦的课堂氛围。在高中信息技术课堂中，只有当教师发出指示性语言（T7）或者指定学生提问时，学生才被动提出问题，这种提问行为（S3）既没有持续指向自身行为，也没有再与其他行为有联系，说明这种课堂中教师还是具有较大的权威性，因此很多发起行为（initiation）都由教师启动，而通过创设良好的课堂氛围，引导学生积极主动回答问题和提出问题，由学生产生发起行为，能够增加学生的课堂参与感，促进学生的深度学习。

关于教师教学互动行为的研究不在少数，有教师性别差异的研究，也有专家新手教师差异的研究。然而，人类的性别差异是客观存在的，由此引起的教学互动行为也是有差异的，但这种差异有时并不需要消除。不同性别的教师可以利用相互听课观摩、交流与合作、集体备课等形式，全面了解自己在教学互动方式的优点与缺点，从而使自己的教学成为一种有个性的教学方式。这样的交流借鉴和相互学习对教师的专业发展以及整体的信息技术教学质量都有很大的帮助。

参考文献

[1] 李锋，熊璋，任友群．聚焦数字化竞争力，发展学生核心素养——从国际国内课程改革看上海中小学信息科技教育［J］．电化教育研究，2017，38（7）：26–31.

[2] 刘清堂．基础教育阶段教育数字化转型的核心是课堂［J］．上海教育，2022（36）：23.

[3] 张慕华，魏宁，李艳．自带设备环境下学习者学习行为分析实证研究［J］．现代远距离教育，2019（3）：3–12.

[4] 王伟．信息技术课堂教学行为量化分析研究［D］．武汉：华中师范大学，2013：82.

[5] FLANDERS N A. Intent，action and feedback：A preparation for teaching［J］. Journal of Teacher Education，1963，14（3）：251–260.

[6] 方海光，高辰柱，陈佳．改进型弗兰德斯互动分析系统及其应用［J］．中国电化教育，2012（10）：109–113.

[7] 顾小清，王炜．支持教师专业发展的课堂分析技术新探索［J］．中国电化教育，2004（7）：18–21.

[8] 彭林华，林晓凡．基于滞后序列分析的智慧课堂教学行为研究［J］．现代教育技术，2021，31（7）：55–61.

[9] 刘革平，孙帆，廖剑．基于行为序列分析的智慧课堂有效教学行为辨识［J］．现代教育技术，2023，33（6）：82–91.

[10] SACKETT G P. Observing behavior：I. Theory and applications in mental retardation［J］. Contemporary Psychology，1979，24（3）：223–224.

[11] BAKEMAN R. Observing interaction：An introduction to sequential analysis［M］. Cambridge：Cambridge University Press，1997.

[12] 冯仰存，曹凡，张怀浩．基于滞后序列分析法的教学决策行为比较研究

[J]. 现代教育技术，2022，32（2）：63–71.

[13] 唐瑗彬，乔羽，刘珊杉，等 . 优质的职业教育课堂互动是怎样的——基于三节中职典型课堂的观察 [J]. 教育发展研究，2024，44（S1）：60–69.

[14] 刘革平，孙帆，廖剑 . 智慧课堂有效教学言语互动甄别与提升路径——以 16 节语文智慧课堂课例为例 [J]. 现代远距离教育，2024（6）：35–48.

[15] 朱小甜 . 智慧学习环境中小学语文课堂师生互动行为的视频分析研究：基于新手型教师和专家型教师的视角 [D]. 乌鲁木齐：新疆师范大学，2021.

[16] 王紫莹 . 不同性别初中体育教师课堂教学行为差异研究 [D]. 石河子：石河子大学，2021.

[17] 江毅，王炜，李辰钰，等 . 智慧教室环境下师生互动行为研究 [J]. 现代远距离教育，2019（3）：13–21.

[18] 诺曼 · 费尔克拉夫 . 话语与社会变迁 [M]. 殷晓蓉，译 . 北京：华夏出版社，2003.

[19] 沈心如 . 数学启发式教学效度的影响因素和解决策略 [D]. 上海：上海师范大学，2021.

[20] BAKEMAN R，QUERA V. Analyzing interaction：Sequential analysis with SDIS and GSEQ [M]. Cambridge University Press，1995.

[21] 江毅，王炜，康苗苗 . 基于行为序列分析的师生互动效果研究 [J]. 现代远距离教育，2019（6）：53–61.

[22] 李小东 . 基于行为序列与对话结构的小学优质课课堂教学互动分析：以上海 H 小学为例 [D]. 上海：华东师范大学，2022.

[23] 聂昱 . 面向高阶思维培养的博物馆课程教师话语研究 [D]. 北京：北京邮电大学，2021.

[24] 张光陆 . 促进深度学习的师生话语互动结构的重建 [J]. 教育理论与实践，2022，42（4）：58–63.

[25] 肖思汉 . 听说：探索课堂互动的研究谱系 [M]. 上海：华东师范大学出版社，2017.

[26] 宋军平，苗国建 . 信息技术环境下提高师生有效交互的策略 [J]. 河南

科技学院学报，2014，34（4）：54-56.
［27］邢至晖．以学习为中心：技术的系统设计与实践探索［J］．现代教学，2022（7）：30-32.
［28］王凤娟．搭建进阶框架促进深度思考——指向高阶思维发展的数学课堂基本活动建构［J］．高中数学教与学，2023（18）：13-16.

数字法规研究

竞争法视角下互联网平台“暗模式”的本土规制路径探究
——以域外监管经验为镜鉴

陈 曦

摘 要：随着算法推荐、界面设计等数字技术的发展，互联网平台衍生出许多新型的不正当竞争行为，相关研究将其总结为“暗模式”。这种模式依托互联网平台数字手段，具有明显的隐蔽性、多样性、系统性，不仅影响消费者的理性决策，还会扰乱正常市场竞争秩序，世界许多主要国家都在逐步推动完善针对“暗模式”的监管政策以实现对公平竞争环境的维护。基于此，本文以竞争法为视角，通过梳理“暗模式”表现形式与域外法治监管经验，提出完善竞争法立法顶层设计、推动多层次监管体系建设的针对我国互联网平台“暗模式”的规制路径。

关键词：互联网平台；“暗模式”；竞争法；域外法治；规制路径

1 问题的提出

随着数字时代的到来，人工智能算法推荐、移动互联数据流通等数字技术发展迅猛。大型互联网平台利用自身优势，通过改良技术手段与优化服务形态不断发展壮大，在促进了数字经济蓬勃发展的同时，无形之中也催生出愈来愈多的依托于互联网平台的新型不正当竞争行为。其中有的诸如“流量

作者简介：陈曦，男，河南南阳人，同济大学法学院 2022 级硕士研究生，主要研究方向为知识产权法、竞争法。

劫持”“广告屏蔽”“数据信息爬取”等显性不正当竞争行为已然引起市场监管部门的注意，“利用技术手段实施流量劫持”“以技术手段干扰竞争者的产品或服务”等行为已明确被列为互联网领域不正当竞争行为并受到规制；而一些基于互联网平台自身相对优势地位，通过数字操纵、界面设计、流程干扰等手段诱导用户浏览网页、影响用户交易意愿、增加交易机会的隐性不正当竞争行为，尚未得到足够的重视，这也给消费者合法交易权益的保护与市场公平竞争秩序的维护带来了新的风险与挑战。

在数字时代，上述的隐性不正当竞争行为可谓是层出不穷。例如，在一些大型互联网平台购物狂欢活动中，种类繁多的优惠条件与纷繁复杂的计价规则设计往往会扰乱正常的市场信息，阻碍用户进行正常价格比较，影响市场自由竞争；还有一些网络订阅平台通过设计复杂的退订流程或隐蔽的退订窗口，导致用户在面对退订所需付出的大量沉没成本时望而却步甚或无从下手，进而放弃退订，这不仅影响了消费者的自主选择权，还破坏了公平竞争的市场秩序；又或者一些互联网平台会在用户界面中刻意调整复选框按钮的形状、大小、颜色等外观设计，来诱导用户选择有利于平台自身的选项，以达到巩固自身市场优势地位、排除限制竞争的目的。这些利用数字技术干扰消费者理性决策、操纵市场秩序的设计行为被统称为“暗模式”（dark patterns），这一概念最早由用户设计体验专家哈里·布里格努尔（Harry Brignull）在 2010 年总结归纳得出。随着数字经济在全球的兴起以及谷歌、脸书等互联网巨头的疯狂扩张，这种设计被广泛应用于各大互联网平台，也逐步引起了国内外学者的重视与担忧。目前针对“暗模式”的研究主要集中在国外学界，研究内容包括“暗模式”的定义类型、量化分析、案例研究等。而国内研究则起步得相对较晚，集中在近两年，仅有寥寥数篇[1][2][3]，尚存在较大的研究空间。

综上所述，本文研究的互联网平台的“暗模式”是指大型互联网公司通过用户界面设计、操作程序设计、算法智能推荐等技术手段来诱导用户在数字平台停留、增加用户转向成本、操纵诱导用户行为决策来充分巩固自身优势的获利行为，是一种扰乱正常市场交易秩序与公平竞争环境的不正当竞争行为。本文将从梳理“暗模式”类型化及特点出发，基于对域外法治经验的总结，最终尝试提出针对我国互联网平台“暗模式”不正当竞争行为的监管路径，以期填补国内反不正当竞争法中规制行为类型的紧迫空白。

2 互联网平台“暗模式”的类型化及作用机理

2.1 互联网平台“暗模式”的类型化表征

随着数字技术的迅猛发展，在算法推荐、界面设计等新型技术的加持下，传统的市场操纵手段也随之更新迭代，有了新的数字化操纵的表现形式。用户界面设计师哈里·布里格努尔在他的网站（www.deceptive.design）中收录了谷歌、脸书、亚马逊、领英、微软、苹果等互联网平台上大约四百个各种各样别有用心的设计案例，并将其总结分为12个具有欺骗性诱导性的类型。他所提出的专业术语与分类不仅被一些法律法规所引用［如欧盟数字服务法案（DSA）和加州隐私权法案（CPRA）］，还有很多的学者[4][5][6]，甚至国家组织［包括挪威消费者协会和法国国家信息自由委员会（CNIL）[7]］在其分类的基础上做了更为详尽的细分和改良。虽然不同的学者对于“暗模式”的统计方法和标准不一定相同，但是学界对于“暗模式”的普遍认知是一致的，即其由用户界面设计选择组成，并以不利于用户主体而有利于平台方的方式操纵用户决策过程。本文通过对于以上学者和机构提出来的分类方法的梳理，汇总了各个平台上“暗模式”的表现形式，并进一步整理归纳了互联网平台“暗模式”表现形式的类型化（表1）。

表1 互联网平台“暗模式”的类型归纳

类型	“暗模式”归纳	“暗模式”的具体表现
反复型	反复询问	在正常的交互过程中的反复入侵，使得用户的预期任务被其他与用户关注的任务没有直接关系的任务打断一次或多次，如多次弹出窗口“您确认不再考虑一下吗？”
阻碍型	阻碍退订	用户在网站中进行注册续订的流程很简单，但是想要退出取消续订则会变得非常困难（一般通过增加流程或者隐藏信息的方式实现）
	阻碍比价	使重要的产品信息（产品编号、价格）无法复制，以防止用户将这些信息粘贴到搜索栏或其他网站，使不同平台的产品和服务之间的直接价格比较变得困难来达到抑制市场竞争的效果

（续表）

类型	“暗模式”归纳	“暗模式”的具体表现
隐瞒型	强制续订	利用用户没有检查服务到期日期的情况，通过隐藏交易中的关键信息，在服务到期时假设用户想继续使用付费服务或升级到付费版本并向用户收费
	隐藏费用	对某些产品费用进行延迟披露，有意进行对部分成本的隐瞒（如运费、税费等额外费用）
	诱饵开关	通过对于肌肉记忆（刻板印象）的操纵来误导用户进行点击或浏览，如将“购买更多”的按钮放置在开始新游戏的按钮通常所处的位置，从而增加了被用户意外触发的可能性
	私自加购	将用户没有选择的物品私自加入到购物车、收藏栏中，导致无意中形成多余的消费
	预选默认	将其期望用户选择的选项作为默认值
干扰型	外观设计干扰	通过交互界面的外观设计来诱导消费者决策的行为，包括颜色、大小、特殊形状
	隐藏信息	将相关信息伪装成不相关的信息，可能表现为隐藏在细小字体中的选项或内容，变色的文字，或产品的条款和条件声明
	伪装广告	伪装成互动游戏的广告，伪装的形式包括但不限于游戏、下载按钮，甚至是整个网页界面，无论点击网站的任何部分都会加载另一个页面，有效地使整个网站成为一个广告
	话语陷阱	在弹出的复选框中使用混乱的措辞、双重否定句或其他引导性语言来操纵用户的互动，如“如果不希望保持自动续费，请取消选中该框”
强制型	强制行动	当 Windows 10 操作系统需要更新时，用户无法在不更新的情况下关闭或重新启动他们的操作系统，这实质上是强迫需要重启或关闭电脑的用户进行更新

资料来源：笔者整理。

2.2 互联网平台“暗模式”的作用机理

“暗模式”是数字环境中平台经营者蓄意利用消费者非理性行为，并诱使其作出不符合实际偏好的在线选择架构操作。[3]“暗模式”具有多样性、灵活性、隐蔽性以及诱导性等特征。[2]2010年，哈里·布里格努尔首次提出了“暗模式”的概念，并指出这一模式设计通过在网站或者应用程序中添加设计技巧旨在诱导用户做一些自己本身并不想做的行为，是一种应用于数字平台的非常巧妙的设计模式。[8]而其背后的运作机制则来源于学者丹尼尔·卡尼曼（Daniel Kahneman）与阿莫斯·特沃斯基（Amos Tversky）提出的在线操纵理论（online manipulation），从认知心理学的视角，以思考过程的不同作为划分标准，将作出决策的方式分为系统一（自动的、直观的、大部分无意识的决策过程）和系统二（受控的、深思熟虑的过程）两种范式[9][11]，而前者正是“隐蔽的”可以被在线操纵的情景基础。[12]在学者丹尼尔·萨瑟（Daniel Susser）等人看来，这种在线操纵既不是直接呼吁的说服，也不是限制选择情况下的强迫，而是利用认知的弱点，在不公开的情况实现对于用户决定的引导[13]，实现最终的操纵效果，因此也被学者评价为是对于“他人决策权的隐蔽颠覆”[14]，这便是“暗模式”的作用机理。

3 竞争法视角下互联网平台“暗模式”的域外监管框架镜鉴

3.1 互联网平台“暗模式”的域外方案

当前，许多国家都在对互联网平台的“暗模式”进行法律规制，但是却没有形成相应的规范和制度。其具体体现在，没有将“暗模式”作为一个独立的监管概念，没有制定专门的监管政策与法令，没有形成“暗模式”监管机制，以及对违法性监管模式类型及表现未达成共识。目前各国在“暗模式”的管理实践都是建立在特定的互联网平台上，依赖有关领域的法律法规以进行调查和裁决。例如，针对平台在未经用户许可的情况下，通过应用程序向用户发送带有链接内容的广告，而用户点击之后无法跳转至相关页面的情况，美国证券交易委员会（SEC）要求其运营者暂停相关广告行为。美国的立法实践对于“暗模式”的专项监管行动更多体现在司法程序中，但“暗模式”立法相对滞后，目前仅有一部《联邦贸易委员会法》与其他关于“暗模式”和隐私保护方面的法律规定。又如欧盟委员会于 2018 年 4 月 1 日通过了《数据保护和个人信息法案》（GDPR）中关于“暗模式”行为的相关条款，该法案首次在欧盟范围内明确了“未经用户许可、违反数据隐私性”这一概念。该立法不仅适用于数字平台上的所有信息类型及行为，还适用于所有使用数据服务以及使用消费者信息数据进行交易活动的公司或个人。

此外，还有多个国家或地区设立了“暗模式”专项监管行动计划和条例来针对性地应对“暗模式”、个人隐私保护和大数据安全等问题。德国启动了数字平台立法，规定了平台的隐私保护条款和信息保护条款；英国成立了“隐私与技术委员会”，负责“暗模式”法律监管工作；印度设立了数据保护立法，规定了数字平台的隐私保护条款；韩国设立了专门部门以负责对数字平台的监管工作。而在个人信息保护方面，新加坡、法国与我国台湾地区也已在各自实践中颁布了“暗模式”专项政策。其中，新加坡对隐私政策、美国对个人数据进行管理，欧盟和我国台湾地区针对隐私保护政策进行监管。

3.2 域外监管框架梳理——以美国相关监管体系为例

美国对于互联网平台“暗模式”的监管体系涵盖联邦政府和州政府两个层级。首先在联邦政府层面，《联邦贸易委员会法案》规定限制在州际贸易中使用不公平或欺骗性的做法，为联邦贸易委员会（F.T.C.）提供了监管和限制此类行为的授权。其次在地方政府层面，各州关于不公平竞争的法案中也包括类似的框架，具体结构见图 1。

3.2.1 联邦层面

F.T.C. 根据《联邦贸易委员会法》第 5 条的规定，有权打击不公平和欺骗性的行为和做法，因此其是美国联邦政府层面针对“暗模式”进行规制的最直接、最有力的监管机构。F.T.C. 的调查和干预权力范围包括“任何从事或其业务影响商业的个人、合伙企业或公司”。因此，F.T.C. 可以在广泛的行业范围内限制“暗模式”对于竞争秩序的破坏。由于一些针对互联网平台“暗模式”的诉讼是以“不公平或欺骗为由”提起的，所以提起诉讼时，对于“不公平”行为的判断标准则来源于上述《联邦贸易委员会法》第 5（n）条，即指①对消费者造成或可能造成实质性的伤害（遭到金钱的损失）；②消费者本身不能合理地避免；③对消费者的补贴与竞争的利益不能抵消。其中一个典型的案例是F.T.C.诉Bunzai Media Group，inc.案。在该案中，F.T.C.指控护肤品公司使用了大量的“暗模式”行为，包括反复地出现弹出式广告，阻止消费者在不接受报价的情况下离开网站；在交易的最末端使用小字，与使用更大的粗体字的营销主张相矛盾；以及将“免费试用”自动转化为续订的月度套餐，而且取消起来很麻烦；等等。最终，F.T.C.与该护肤品公司达成超过7 300万美元的和解。

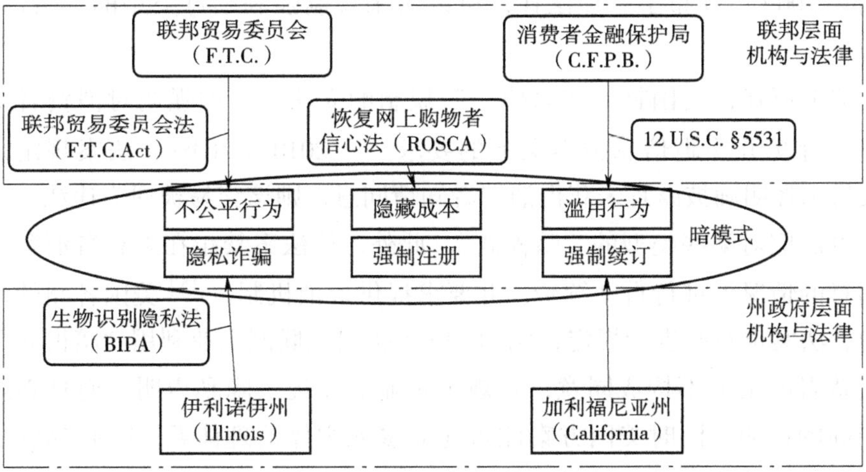

图1　互联网平台“暗模式”——美国监管框架

消费者金融保护局（C.F.P.B.）同样可以针对一些涉嫌互联网平台“暗模式”的不当行为进行监督执法（因为该局有权监管“滥用行为”）。根据《联邦贸易委员会法》12 U.S.C. § 5531，“滥用行为”的概念涵盖了利用消费者的认知偏见，以操纵他们作出可能不符合其最佳利益的决定。所以可以说C.F.P.B.对于“滥用行为”的监管范围比F.T.C.可以监管的“不公平行为”更为广泛。除此以外，另一部联邦政府层面的法律是《恢复网上购物者信心法》（ROSCA），其中的相关条款同样详细规定了隐藏成本和强制连续性的“暗模式”涉嫌违法。

3.2.2　州政府层面

各州针对不正当竞争行为的法律在很大程度上与联邦的对应法律保持

一致。与适用的联邦制度相比，这些法律下针对互联网平台“暗模式”的执法活动要少得多。因此，该层面的法律没有得到充分的发展，但也并不是毫无特色。例如伊利诺伊州独特的《生物识别隐私法》（BIPA）中规定可对隐私诈骗、强制注册等涉及用户隐私信息收集的“暗模式”作出违法判决。它要求处理消费者生物识别信息的公司在这样做之前必须获得消费者的明确同意，同时对什么是充分的同意设定了很高的门槛——公司必须告知客户正在收集和储存生物识别信息的事实，收集、使用和储存的原因，以及储存的时间。此外，加利福尼亚州也有一项相关的但没有大量使用的法律。该州在2009年颁布了一项法律，可以用来规制强制续订类型的“暗模式”行为。

综上所述，美国针对“暗模式”规制的立法，更加强调对消费者知情同意的保护并明晰信息披露义务的要求。[3] 2010年ROSCA法案规定，如果交易未经明确披露且未获得消费者知情同意，则该交易被视为违法，这一规定可以应对某些类型的“暗模式”。此外，该法案禁止在未获得消费者知情同意的情况下进行自动续费，并要求提供取消机制。[15] 美国各州的消费者隐私法案也对此进行规定，例如CPRA指出互联网企业利用“暗模式”诱导消费者的情形不构成同意，并规定企业需要提供隐私声明，而且必须提供明确的说明。同时美国方案注重建立多元主体治理体系。除联邦贸易委员会的集中执法行动，以及联邦政府与各州政府层面的最新法案之外，行业自治组织的指导性文件也能对于“暗模式”规制起到一定示范作用。美国的监管体系注重从隐私保护路径规制“暗模式”，其显著特征是从州级层面发起并向联邦层面延伸的消费者隐私法。此外，F.T.C.以不公平商业行为处理消费者隐私保护中的“暗模式”，通过近年积累的判例降低标准的难以预测性。[16] 然而在绝大多数执法案例中，大部分企业都会与F.T.C.达成和解并签订有约束力的和解协议。[17] 这也就意味着F.T.C.作为执法机构，却在司法判例缺位的情形下，承担了一部分立法与司法职能。因此，F.T.C.实质上已经将美国市场中的自我监管转变为具有强制性的内外联合监管体系[18]，而行政执法机构在事实上已经掌控了对于“暗模式”的规制权力。

4 我国互联网平台“暗模式”本土监管的困境检视与路径启示

4.1 我国互联网平台“暗模式”的监管困境

对滥用“暗模式”行为进行规制是必要的，但目前在我国，这一问题尚未引起监管部门的重视。现有的合同规则、个人信息与消费者权益保护以及竞争法律框架存在不足，且执法存在困难，因此法律上对“暗模式”滥用行为的规制仍面临许多挑战。

首先，“暗模式”在实践层面存在识别困难的问题。在一些从业者看来，部分“暗模式”在性质上更类似于普通网络营销手段，即互联网平台企业通过在要约或要约邀请中提供激励条件，尝试说服消费者作出有利于经营者的决策，这属于自由市场中允许的竞争手段。[19] 然而，不同于普通网络营销手段，“暗模式”多以欺骗或不公平的方式剥夺消费者的自由选择权。[15]“暗模式”的作用机理在于，它实质侵入并潜移默化地影响甚至操纵消费者理性决策过程，弱化消费者自治能力。从监管的角度来看，虽然理论上可以区分合法的广告营销手段和不公平的影响欺骗行为，但在实际操作中判断是否构成“暗模式”却相当困难。这需要更多的实证证据来证明互联网平台企业所构建的决策框架确实对消费者的决策产生了不公平的引导作用。合法营销与非法操控之间的界限模糊，使得识别和规制“暗模式”滥用行为面临挑战。

其次，“暗模式”的规制在立法层面存在结构性缺陷。从现行法律规范看，一般可用于监管“暗模式”滥用的法律包括《中华人民共和国消费者权益保护法》《中华人民共和国民法典》《中华人民共和国电子商务法》《中华人民共和国反不正当竞争法》和《中华人民共和国个人信息保护法》等。然而，不同的部门法导致现有监管体系高度碎片化，并且大多数规则的设计仍基于传统经济人的假设，存在明显的结构性缺陷，导致规制效果不尽如人意。总体而言，现行的法律框架显然难以有效应对各类“暗模式”滥用行为的规制需求。

最后，“暗模式”的规制在执法层面存在能力边界。从互联网行业监管和执法的角度来看，执法机构在面对隐蔽多样的“暗模式”滥用情形时，常常处于信息劣势，难以有效识别违规的滥用行为。与此同时，由于现行法律规范的覆盖面有限，执法部门在规制“暗模式”滥用时常面临无法可依的困境。“暗模式”形式多样，加之消费者在认知风格和偏误表现上存在差异，导致互联网平台企业对“暗模式”的滥用所引发的复杂纠纷迅速超出执法部门的规制能力。尽管消费者保护组织可以根据《中华人民共和国消费者权益保护法》第三十七条等条款揭露和批评商家滥用“暗模式”损害消费者利益的行为，从而在一定程度上增强消费者的集体行动能力，但这并不能从根本上改变市场监管和执法能力不足的现状。

4.2 探索建立多层次“暗模式”监管体系与规制路径

目前，我国关于互联网平台“暗模式”的监管经验还较少，在司法实践当中对于“暗模式”的监管一般归属于不正当竞争行为的监管范围，如涉及欺诈消费者，侵犯消费者知情权、选择权、不公平交易等行为[2]。《禁止网络不正当竞争行为规定》等法规都明确规定数字平台不得恶意诱导消费者，也即将“暗模式”中以虚假宣传、误导欺骗等方式干扰操纵消费者决策的行为都纳入了互联网平台不正当竞争的监管范围。值得注意的是，2022 年 11 月发布的《中华人民共和国反不正当竞争法（修订草案征求意见稿）》第十三条第六款提出：“具有相对优势地位的经营者无正当理由不得通过影响用户选择、限流、屏蔽、搜索降权、商品下架等方式”，“干扰正常交易，对交易相对方的经营活动进行不合理限制或者附加不合理条件，影响公平交易，扰乱市场公平竞争秩序”；第十五条第二款、第三款同样规定：“经营者不得利用数据和算法、技术以及平台规则等，通过影响用户选择或者其他方式，扰乱市场公平竞争秩序”“前款所称影响用户选择，包括违背用户意愿和选择权、增加操作复杂性、破坏使用连贯性等”。可以看出，针对我国互联网领域的“暗模式”问题如何从反不正当竞争角度进行规制，此次修法也已经释放出相当明确的立法倾向与信号。

结合世界范围内对于互联网平台“暗模式”监管的相关政策措施与立法实践现状，我国应当充分借鉴域外经验，结合消费者权益保护、商业不正当竞争监管与互联网平台反垄断政策，加强各领域政策法规的协调与整合，以“竞争法规制为主、保护法规范为辅”为原则[20]，建立“暗模式”监管机制。

一是健全立法层面规制。应完善对互联网平台中“暗模式”行为的法律规制，全面预防各种“暗模式”滥用风险。考虑到“暗模式”的多样性和复杂性以及识别难度，立法者应将重点放在控制企业行为和设计企业义务上。一方面，通过针对性立法来应对常见的“暗模式”滥用行为，可以修订反不正当竞争法中的互联网条款，或将“暗模式”滥用行为作为新型的不正当竞争行为，增列为损害消费者利益的情形。另一方面，对于尚未具体化的“暗模式”滥用行为，可灵活地将其作为衡量是否违反公平诚信原则和商业道德的重要标准，以反不正当竞争法的一般条款为消费者提供最后保护。此外，可以参考美国《加利福尼亚州隐私权利法案》的做法，在相关法律的个人信息保护规则中增加关于同意效力的说明，并在重点监管“暗模式”的单行法中特别增加保护消费者权益的规定，为互联网平台在用户界面设计中的商业行为制定具体的规则和要求。

二是完善司法实践层面调整。规制“暗模式”滥用行为的核心在于保护消费者的知情权和选择权，以及细化互联网平台企业的信息披露义务框架，以防止在交易中出现误导行为。因此，为了更好地保护消费者，法院应通过共同意义分析方法来检查消费双方是否达成一致，仅将那些在充分交流的基础上达成的协议视为商家履行了其提示说明义务。通过调整传统的信息披露义务框架，防止非理性消费者作出错误决策，并纠正商家与消费者在认知能力上的不平衡，可以有效规制部分“暗模式”滥用行为。

三是建立多元监管体系，鼓励行业自律。随着数字技术的快速发展，即便有明确的法律条文和监管方案指导，错综复杂的“暗模式”仍可能挑战国家的规制能力。在实际操作中，政府采用的传统监管模式越来越难以满足当前需求，因此需要完善多元化的监管体系。为此，可以通过市场监管部门定期发布消费者保护指南，利用实例向企业、消费者和消费者团体明确合法网络营销的界限，以及监管机构评估“暗模式”负面影响的基本方法，便于企业进行自我评估和合规审查。用户界面设计在互联网平台企业的市场竞争中起着重要作用，而设计本身是一个复杂的系统，因此监管时必须重视保持用户界面设计稳定性的价值。政府应积极推动互联网行业标准的建设，支持行业协会建立健全自律规范，完善自律机制，这对于提高“暗模式”监管的有效性和稳定性具有重要意义。同时，应发挥社会监督的作用，增加用户界面设计透明度的要求，即在必要时要求企业公开其用户界面设计的动机、方法和过程，通过行业和社会监督来限制和规范“暗模式”的市场运作。

参考文献

［1］杨菲 . 保护消费者合法权益须规制网络“暗模式”［N］. 中国社会科学报，2022-04-06（4）.

［2］张海汝，李勇坚 . 数字平台的诱导、操纵风险与暗模式监管——流量劫持、算法俘获与界面设计陷阱［J］. 财经问题研究，2022（12）：36-45.

［3］刘颖，刘佳璇 . 数字经济中黑暗模式的法律规制：基本原理、域外方案与本土路径［J］. 上海财经大学学报，2024，26（5）：122-138.

［4］HARTZOG W. For a discussion of similar dark pattern strategies in Apple's iOS 6［J］. Privacy's Blueprint，2018，212-213.

［5］CALO M R. Digital market manipulation［J］. SSRN Electronic Journal，2013，27，995.

［6］FRISCH L. Privacy dark patterns in identity management［J］. Open Identity Summit Proceedings，2017，93.

［7］Laboratoire d' Innovation Numérique de la CNIL. IP report：Shaping choices in the digital world，from dark patterns to data protection：the influence of UX/UI design on user empowerment［EB/OL］.（2019）. https：//linc.cnil.fr/sites/default/files/atoms/files/cnil_ip_report_06_shaping_choices_in_the_digital_world.pdf.

［8］JAISWAL B. Dark patterns in UX：How designers should be responsible for their actions，MEDIUM［EB/OL］.（2018-08-15）. https：//uxdesign.cc/dark-patterns-in-ux-design-7009a83b233c.

［9］KAHNEMAN D. Maps of bounded rationality：Psychology for behavioral economics［J］. American Economic Review，2003，93（5）：1449-1451.

［10］KAHNEMAN D. Thinking，fast and slow［J］. American Economic Review，2011，20 - 21.

［11］KAHNEMAN D. A perspective on judgment and choice：Mapping bounded rationality［J］. The American Psychologist，2003，58（9）：697-720.

［12］HAAN S C. The "persuasion route" of the law：Advertising and legal persuasion［J］. Columbia Law Review，2000，100（5）：1281.

[13] SUSSER D, ROESSLER B, NISSENBAUM H F. Online manipulation: Hidden influences in a digital world [J]. SSRN Electronic Journal: 4, 107.

[14] ELLIOTT J, WALDRON L. Here's how TurboTax just tricked you into paying to File Your Taxes, PROPUBLICA [EB/OL]. (2019-04-22). https://www.propublica.org/article/turbotax-just-trickedyou-into-paying-to-file-your-taxes.

[15] LUGURI J, STRAHILEVITZ L J. Shining a light on dark patterns [J]. Journal of Legal Analysis, 2021, 13 (1): 43-109.

[16] DI PORTO F, EGBERTS A. The collective welfare dimension of dark patterns regulation [J]. European Law Journal, 2023, 29 (1-2): 114-141.

[17] SOLOVE D J, HARTZOG W. The FTC and the new common law of privacy [J]. SSRN Electronic Journal, 2014: 114-583.

[18] BAMBERGER K A, MULLIGAN D K. Privacy on the books and on the ground [J]. Stan.L.Rev. 2011 63): 247-313.

[19] SUSSER D, ROESSLER B, NISSENBAUM H F. Online manipulation: Hidden influences in a digital world[J]. SSRN Electronic Journal, 2019(1): 1-45.

[20] 孙瑜晨. 数字平台成瘾性技术的滥用与反垄断监管 [J]. 东方法学, 2022 (6): 58-71.

数字建模研究

基于 Kaya 模型和主成分分析法的区域碳排放量预测模型研究

籍楚妮　张振江　叶欣迪

摘　要：本研究以我国一生态碳汇资源相对匮乏的区域为研究对象，分析其人口、经济、能源与碳排放间的关系，构建区域能源消耗量和碳排放模型。以 Kaya 模型为基础，运用主成分分析法对区域经济、人口、能源消费量和碳排放量情况进行分析，确定区域“双碳”目标实现的影响因素。利用 2010—2020 年数据，建立能源消耗量与人口、经济间的岭回归（Ridge）模型，并对人口、经济、能源消费量、非化石能源消费比重与碳排放量进行多元线性回归分析。结果表明，能源消耗量与人口、经济之间存在正向关系，在未来 40 年，人口增加、分行业 GDP 及能源消耗总量预计有所增加。碳排放量的增加与各消费化石能源的使用呈正相关关系，而热力、生物质能以及其他非化石能源的使用一定程度上缓解碳排放，使碳排放因子减小。

关键词：“双碳”目标；主成分分析；多元回归；灰色预测

1　绪论

近年来，全球气候变暖问题日益严重，燃烧大量化石能源产生的二氧

作者简介：籍楚妮，女，安徽马鞍山人，东华大学旭日工商管理学院 2022 级硕士研究生，主要研究方向为网络经济与智能商务。张振江，男，山东枣庄人，东华大学旭日工商管理学院 2022 级硕士研究生，主要研究方向为资本市场和货币政策。叶欣迪，女，浙江青田人，东华大学数学与统计学院 2023 级硕士研究生，主要研究方向为动力系统。

化碳，是导致全球温室效应和环境危机的主要原因。中国作为世界上最大的发展中国家，主动承担起了节能减排的责任并推动解决全球环境危机。2020 年 9 月 22 日，习近平主席在第七十五届联合国大会上提出“双碳”目标：二氧化碳排放量力争于 2030 年前达到峰值，努力争取 2060 年前实现碳中和。

经济增长与能源消耗，能源消耗与碳排放量都存在关联。目前，火力发电为我国能源结构的主要部分。同时，我国仍需要第二产业来保证发展的稳定性，但第二产业的发展仍存在高耗能、高排放、低能效的问题[1]。对于中国这样的发展中大国来说，为解决发展与减排之间的矛盾，需要在保持经济增长的同时，大幅度降低单位 GDP 的碳排放强度。本文通过分析区域经济、人口、能源消费量与碳排放量之间的关系，探讨如何通过提高能源利用效率和提高非化石能源消费比重等途径，实现经济高质量发展与碳排放量降低的平衡局面。本文着重研究以下两个问题：

问题一：建立合适的指标体系，描述区域经济、人口、能源消费量和碳排放量情况，并分析区域内不同部门的碳排放情况。对 2010—2020 年的相关数据进行分析，以期探索出碳排放量的影响因素及其贡献，进而研判该区域实现“双碳”目标所面临的主要挑战。

问题二：构建预测模型，预测未来一段时间内该区域的人口、经济和能源消费量的变化，并据此预测区域碳排放量。该模型需要考虑人口、GDP、能源消费量与各能源消费部门及能源供应部门之间的关联关系，以及能源消费品种的影响。

本文的创新点在于以 Kaya 模型和主成分分析法为基础，通过 Kaya 模型找到影响区域碳排放的因素变量，利用主成分分析法进行变量聚合，从而把握影响区域碳排放的主要因素，构建更合理的区域碳排放预测模型。Kaya 模型将经济发展、人口和政策等因素与人类活动产生的二氧化碳结合起来，将地区碳排放量的影响因素分解为能源消费结构、能源排放强度、经济发展、人口等因素，充分考虑了影响碳排放量的各类因素。主成分分析方法是常见的统计分析法，可以将多个变量进行合并，以找到少数更重要的变量。模型的适用范围较广，泛化能力强，没有特殊的约束条件，适用于区域碳排放量研究。

2 区域碳排放量及影响因素分析

结合Kaya模型[2]，采用地区居民数量衡量人口，用地区人均GDP（EC/P，经济发展水平 / 人口）衡量经济发展水平，用单位GDP能源消耗量（KGCE/EC，能源消耗量 / 经济发展水平）来衡量能源消耗情况，建立指标体系，利用熵值法确定权重，从而实现对碳排放的测度。并利用主成分分析法（PCA）对各影响因素进行分析并计算贡献度，通过主成分确定影响区域双碳目标的因素。

2.1 熵值法模型

熵值法是常用的综合评价方法，主要通过确定信息熵、效用值进而确定指标权重，进而进行综合评价，模型求解难度小。

2.1.1 构建指标体系

通过以上分析，以人口、经济发展水平和能源消耗量为一级指标，选取常住人口、第一产业产值、第二产业产值、第三产业产值以及各产业对应的能耗量为二级指标建立指标体系。具体指标如表1所示。

表1 指标体系

<table>
<tr><th></th><th>一级指标</th><th colspan="2">二级指标</th><th>指标方向</th></tr>
<tr><td rowspan="8">碳排放量</td><td>人口（P）</td><td>常住人口</td><td>B1</td><td>正向指标</td></tr>
<tr><td rowspan="3">经济发展水平（EC）</td><td>第一产业（农林消费部门）产值</td><td>B2</td><td>正向指标</td></tr>
<tr><td>第二产业（能源供应部门和工业消费部门）产值</td><td>B3</td><td>正向指标</td></tr>
<tr><td>第三产业（建筑消费部门、交通消费部门）产值</td><td>B4</td><td>正向指标</td></tr>
<tr><td rowspan="4">能源消耗量（KGCE）</td><td>第一产业（农林消费部门）能耗量</td><td>B5</td><td>正向指标</td></tr>
<tr><td>第二产业（能源供应部门和工业消费部门）能耗量</td><td>B6</td><td>正向指标</td></tr>
<tr><td>第三产业能耗量（建筑消费部门、交通消费部门）</td><td>B7</td><td>正向指标</td></tr>
<tr><td>居民生活能耗量</td><td>B8</td><td>正向指标</td></tr>
</table>

本文以地区生产总值（GDP）来衡量区域经济发展现状，以常住人口总量来衡量该地区人口水平，以能源消费量指标和碳排放量指标来衡量该地区的能耗消费量与二氧化碳排放量。通过构建以人口、经济发展水平、能源消耗量、碳排放因子、碳排放同比增长率为自变量，碳排放量为因变量的指标体系，描述该区域经济、人口、能源消费量和碳排放量的状况。在确定指标体系的基础上利用熵值法确定权重，从而明确碳排放与其他各类自变量指标之间的相互关系。

2.1.2 熵值法确定权重

（1）数据标准化处理。由于各指标的量纲和单位不同，无法直接比较，因此采用极差法对数据进行标准化处理，当正向指标时，标准化后的指标数据为：

$$B'_{ij}=\frac{B_{ij}-\min(B_{ij})}{\max(B_{ij})-\min(B_{ij})} \tag{2.1}$$

负向指标时，标准化后的指标数据为：

$$B'_{ij}=\frac{\max(B_{ij})-B_{ij}}{\max(B_{ij})-\min(B_{ij})} \tag{2.2}$$

（2）无量纲化处理。对标准化后的数据进行无量纲化处理：

$$b_{ij}=\frac{B''_{ij}}{\sum_{i=1}^{n}B''_{ij}} \tag{2.3}$$

（3）确定指标熵值。第 j 个指标的熵值 E_j，公式如下：

$$E_j=-\frac{1}{\ln n}\sum_{i=1}^{n}b_{ij}\ln b_{ij} \tag{2.4}$$

（4）第 j 个指标的差异系数：

$$d_j=1-E_j \tag{2.5}$$

（5）第 j 个指标的权重：

$$\omega_j=\frac{\varepsilon_j}{\sum_{j}^{m}\varepsilon_j} \tag{2.6}$$

根据式（2.1）至式（2.6），确定指标体系中各二级指标的权重，结果如表 2 所示。

表 2　各二级指标权重

变量	信息熵值 E_j	信息效用值 d_j	权重（%）
B1	0.934	0.066	9.693
B2	0.937	0.063	9.209
B3	0.898	0.102	14.936
B4	0.885	0.115	16.706
B5	0.923	0.077	11.286
B6	0.951	0.049	7.122
B7	0.903	0.097	14.15
B8	0.884	0.116	16.898

2.1.3　综合加权平均法评价碳排放

在熵值法确定各指标权重的基础上，利用加权平均法对各年碳排放量进行评价：

$$C_i = \sum_{i=1}^{n} \sum_{j=1}^{m} w_j b_{ij} \tag{2.7}$$

由表 3 可知，整体趋势和变化率基本一致，说明模型能够很好地度量区域或各部门的碳排放量指标。

表 3　熵值法基础上指标测度

年份	测度增长率	实际增长率
2011	10.06%	15.67%
2012	4.13%	3.54%
2013	1.28%	–1.12%
2014	0.60%	–2.84%
2015	2.70%	1.88%
2016	2.86%	3.71%
2017	2.49%	2.81%
2018	2.56%	1.49%
2019	2.33%	3.63%
2020	–1.29%	–1.97%

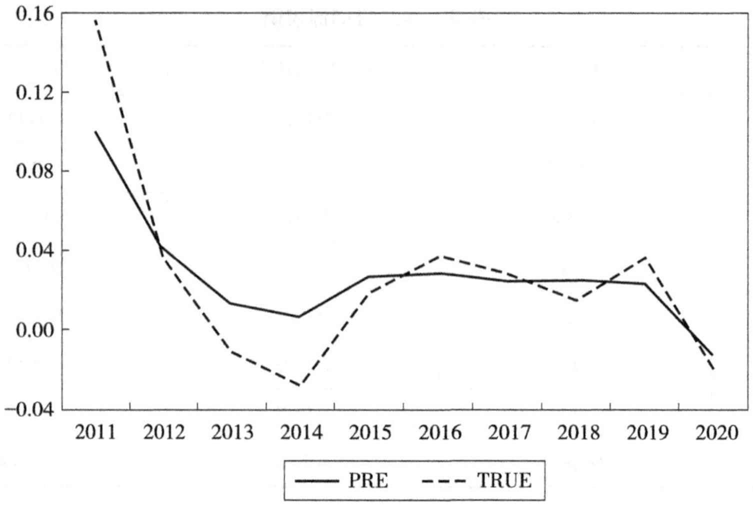

图 1　碳排放实际增长率（TRUE）与预测增长率（PRE）对比

由图 1 可知，碳排放量的增长率呈现下降趋势，通过熵值法进行预测碳排放增长率与实际增长率基本一致。在 2010—2014 年下降的幅度较大，随后碳排放量在缓慢增长，但增长率相对较稳定，说明碳排放得到有效的控制。

2.2　主成分分析模型

2.2.1　主成分分析

利用主成分分析法（Principal component analysis，PCA）对影响碳排放量的影响因素进行测度[3]，确定出各因素对区域碳排放的影响程度以确定贡献度。在进行主成分分析前，对变量间进行 KMO 检验和 Bartlett 球形度检验，判断进行主成分分析的可行性。

表 4　KMO 检验和 Bartlett 球形度检验

KMO 值		0.762
Bartlett 球形度检验	近似卡方	161.956
	df	28
	P	0.000***

注：*** 代表 1% 的显著性水平

表 4 展示了 KMO 检验和 Bartlett 球形检验的结果，由 KMO 检验可知，KMO>0.6，说明了变量之间是存在相关性的，符合主成分分析要求。同时，根据 Bartlett 球形度检验，$P<0.05$，呈显著性，则可以进行主成分分析。

表 5　变量间相关系数矩阵

	C-total	B1	B2	B3	B4	B5	B6	B7	B8
C-tatol	1	0.89	0.846	0.882	0.863	0.773	0.976	0.885	0.88
B1	0.89	1	0.974	0.964	0.95	0.703	0.936	0.958	0.933
B2	0.846	0.974	1	0.918	0.912	0.669	0.9	0.917	0.883
B3	0.882	0.964	0.918	1	0.996	0.675	0.884	0.997	0.991
B4	0.863	0.95	0.912	0.996	1	0.645	0.857	0.994	0.991
B5	0.773	0.703	0.669	0.675	0.645	1	0.793	0.655	0.654
B6	0.976	0.936	0.9	0.884	0.857	0.793	1	0.883	0.857
B7	0.885	0.958	0.917	0.997	0.994	0.655	0.883	1	0.988
B8	0.88	0.933	0.883	0.991	0.991	0.654	0.857	0.988	1

根据表 5 可知，第二产业能源消耗量与碳排放量相关度最高，相关系数为 0.976，其次地区常住人口和第二产业生产总值相关度也较高。而第一产业能源消耗量与地区碳排放总量相关度最低，相关系数为 0.773。可见，第二产业的发展对地区的碳排放量产生了重要的影响。表 6 为总方差解释率，可知当到达第二个成分时，解释率达 96.243%，因此我们选取前两个成分为主成分。

表 6　总方差解释率

成分	特征根		
	特征根	方差解释率	累积方差解释率
1	7.159	89.481%	89.481%
2	0.541	6.762%	96.243%
3	0.196	2.451%	98.694%
4	0.078	0.981%	99.675%

（续表）

成分	特征根		
	特征根	方差解释率	累积方差解释率
5	0.014	0.174%	99.85%
6	0.008	0.096%	99.946%
7	0.004	0.046%	99.992%
8	0.001	0.008%	100%

通过以上分析，计算得出因子载荷系数表（表7）和载荷系数热力图（图2）。

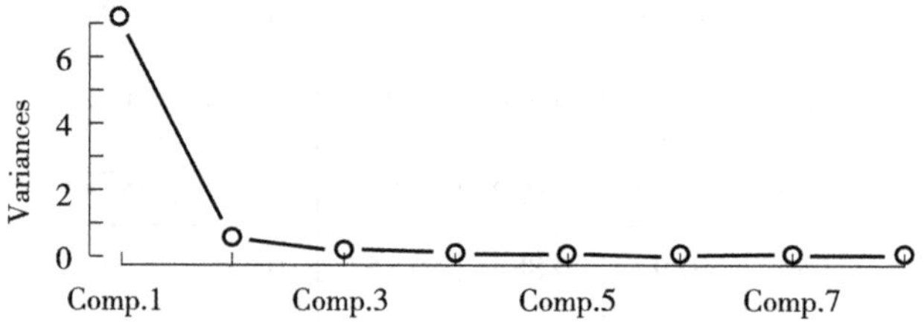

图2　载荷系数热力图

表7　因子载荷系数表

	因子载荷系数		共同度（公因子方差）
	主成分1	主成分2	
B1	0.984	–0.033	0.97
B2	0.952	–0.037	0.907
B3	0.986	–0.13	0.99
B4	0.977	–0.173	0.984
B5	0.754	0.636	0.974
B6	0.939	0.198	0.921
B7	0.983	–0.152	0.989
B8	0.97	–0.156	0.965

在主成分1中，除第一产业能源消耗量外，其他二级指标的因子载荷系数均在95%以上，可以看出第一产业的发展对区域碳排放的影响较小，而对第二、三产业发展对区域碳排放有较强的推动作用。从主成分2的数据可

以看出，除第一产业能源消耗量外，各变量较为均匀，说明第一产业的发展对碳排放的影响小于第二、三产业。根据上述数据计算得到成分矩阵表（表 8），找到主成分并进行归一化。

表 8　成分矩阵表

名称	成分	
	成分 1	成分 2
B1	0.137	−0.061
B2	0.133	−0.068
B3	0.138	−0.24
B4	0.136	−0.32
B5	0.105	1.176
B6	0.131	0.366
B7	0.137	−0.281
B8	0.135	−0.289

$F1=0.137\times B1+0.133\times B2+0.138\times B3+0.136\times B4+0.105\times B5+0.131\times B6+0.137\times B7+0.135\times B8$

$F2=-0.061\times B1-0.068\times B2-0.24\times B3-0.32\times B4+1.176\times B5+0.3656\times B6-0.281\times B7-0.29\times B8$

由上可以得到：$F=(0.895/0.962)\times F1+(0.068/0.962)\times F2$

从而得到因子权重，如表 9 所示。

表 9　因子权重分析

名称	方差解释率	累积方差解释率	权重
主成分 1	0.895%	89.481%	92.974%
主成分 2	0.068%	96.243%	7.026%

主成分 1 的权重为 92.974%、主成分 2 的权重为 7.026%。可以用这两个主成分进行回归分析。通过以上分析，主成分 1 对区域碳排放量的解释度为 89.48%，根据成分矩阵表得到 B1、B3、B4、B6、B7、B8 对主成分 1 的贡献度较大，其中第二产业产值（B3）贡献度最大，第一产业能耗（B5）最小。

B2、B3、B4 的因子载荷系数较大，因此可将主成分进行总结重命名。同理，B5–B8 变量的解释度在下降，将这四个变量进行合并。

2.2.2 区域实现碳达峰与碳中和面对的主要挑战

通过以上分析，我们可以得出以下结论：第二产业二氧化碳排放量在总体碳排放量中始终占据较大比重，常住人口（B1）、第二产业 GDP（B3）、第三产业 GDP（B4）、第二产业能耗量（B6）、第三产业能耗量（B7）和居民生活能耗量（B8）对碳排放量具有较大影响。第一，人口作为一个基础性的变量，其趋势变化对推进碳达峰、碳中和以及国家的发展都提出了一个重要课题。因此，区域的人口发展战略既要兼顾数量，又要兼顾结构，尽可能考虑人口与自然环境之间的关系。第二，高耗能产业的迅速发展带来能源需求量的持续增加，带来长期大量的碳排放。改革开放以来，我国经济迅速增长，产业结构也随之不断调整，第一产业的比重逐年下降，第三产业的比重逐年上升。[4] 然而工业尤其是重工业，特别是高耗能行业仍然占有相当大的比重，近几年的比重甚至超过了整个轻工业的比重，这与高比重的碳排放有一定关系。第三，人均 GDP 增长驱动了碳排放量增长。人均 GDP 综合衡量了该区域的人均产品与服务的生产能力，其不但反映了该区域的经济发展水平，而且反映了居民物质生活的富裕程度。区域第二、三产业人均生产能力的不断提高、经济的持续发展、工业化和城市化进程的加快反过来必将带动能源的大量消费和二氧化碳的大量排放。因此，在经济发展与碳排放量之间获得平衡是需要解决的重要问题之一。

3 区域碳排放量以及经济、人口、能源消费量的预测模型

由于人口指标具有较强的不确定性，本文采用灰色预测模型 GM（1，1）对人口进行预测[5]，利用自回归差分移动平均模型（ARIMA）对 GDP 的分产业进行预测，利用 2010—2020 年的数据对能源消耗量与人口、GDP 之间的关系进行统计分析，初步寻找变量间的关系并建立岭回归（Ridge）模型，然后利用此模型对能源消耗量进行预测。在此基础上，建立人口、GDP、能源消费量、非化石能源消费比重与碳排放量的关系模型，并用各品种能源消耗量（能源消费部门和能源供应部门的一次能源中化石能源消耗量、非化石能源消耗量以及

二次能源消耗量）作为调节变量。参照岭回归估计法进行求解，调节变量中参数为负则代表碳排更少，否则碳排放更多。本部分所得预测结果的前提是区域的产业、人口、能源消费等都按照目前既有情形发展。如果区域产业有重大调整、人口有重大迁徙、能源有大量新能源使用，碳排放会有重大改变。

3.1 基于人口和经济变化的能源消费量预测模型

3.1.1 基于岭回归的能源消耗量预测

岭回归是用来处理多重共线性的方法，能够对多元回归模型进行参数估计。参考相关文献[6]，本文的数据涉及三大产业数据，可能会存在一定的共线性，用岭回归估计相对合理，而且 SPSSPRO 可以求解，亦可以用 Matlab、Python 等编程求解。

1. 模型建立

对变量数据进行异常值处理的基础上，建立变量回归模型。以区域能源消耗量（KGCE）为被解释变量；以常住人口（B1）、第一产业 GDP（B2）、第二产业 GDP（B3）、第三产业 GDP（B4）为解释变量建立多元回归模型，如下。

$$KGCE_t = \alpha + \sum_t \beta B_{it} + \varepsilon \tag{3.1}$$

其中，$KGCE_t$ 为区域能源消耗量，其他符号同上。

2. 参数估计与分析

通过岭迹图确定 K 值，岭迹图如图 3 所示。

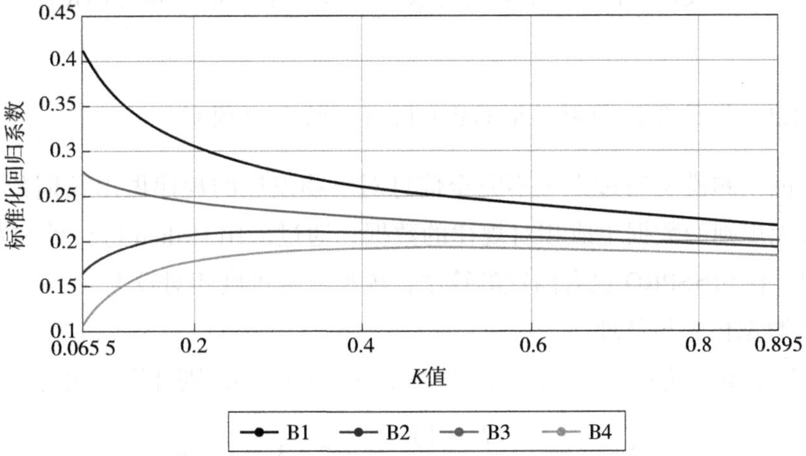

图 3　岭迹图

根据方差扩大因子法确定 K=0.071。

表 10　岭回归结果

K=0.071	非标准化系数		标准化系数	t	P	R^2	调整 R^2	F
	B	标准误	Beta					
常数	−20 078.54	12 943.899	—	−1.551	0.172	0.933	0.888	20.912（0.001***）
B1	5.014	1.693	0.402	2.962	0.025**			
B2	0.908	0.849	0.168	1.069	0.326			
B3	0.121	0.044	0.275	2.748	0.033**			
B4	0.028	0.031	0.115	0.932	0.388			

注：***、** 分别代表 1%、5% 的显著性水平

具体模型：

$$KGCE_t = -20\ 078.54 + 5.014 \times B1 + 0.908 \times B2 + 0.121 \times B3 + 0.028 \times B4 \tag{3.2}$$

岭回归得到，F 检验显著性 P 值为 0.001，呈现显著性，拒绝原假设，表明自变量与因变量之间存在着回归关系。B1、B2、B3、B4 变量系数均为正数，均呈现正相关关系。同时，模型的拟合优度 R^2 为 0.933，拟合优度高。B1 和 B3 变量 t 检验明显显著，且参数估计数值较大，说明对被解释变量区域能源消耗量的影响较大，贡献度较高。根据题目要求，人口、经济与 KGCE 均有相关关系，即人口（P）和经济发展水平（EC）能源消耗量（KGCE）预测相关联。

3.1.2　基于灰色预测模型 GM（1，1）的人口预测

灰色预测模型通过少量不完全信息对事物发展的规律做出长期预测[5]，可以将无规则的数据生成相对规律的数据。通过采用 Python 进行处理灰色预测模型，在 SPSSPRO 也有内置的算法，模型求解难度相对较大。

1. 数据检验与处理

设原始数列为 $x^{(0)} = (x^0(1),\ x^0(2),\ \cdots,\ x^0(n))$，则计算级比为：

$$\lambda(k) = \frac{x^{(0)}(k-1)}{x^{(0)}(k)},\ k = 2,\ 3,\ \cdots,\ n \tag{3.3}$$

如果级比均在数值范围 $X=(e^{\frac{-2}{n+1}}, e^{\frac{2}{n+1}})$ 内，则可以建立 G（1，1）模型，否则需要进行数据平移。

2. 建立 G（1，1）模型

假设数据满足条件，则建立 G（1，1）模型。

$$x^{(0)}(k)+\alpha z^{(1)}(k)=b \tag{3.4}$$

运用回归分析可以求 a，b 值，则可以得到白化模型：

$$\frac{dx^{(1)}(t)}{dt}+ax^{(1)}(t)=b \tag{3.5}$$

白化模型的解为：

$$x^{(1)}(t)=\left(x^{(0)}(1)-\frac{b}{a}\right)e^{-a(t-1)}+\frac{b}{a} \tag{3.6}$$

从而得到预测值：

$$\hat{x}^{(1)}(k+1)=\left(x^{(0)}(1)-\frac{b}{a}\right)e^{-ak}+\frac{b}{a},\ k=1,2,\cdots,n-1 \tag{3.7}$$

$$\hat{x}^{(0)}(k+1)=\hat{x}^{(1)}(k+1)-\hat{x}^{(1)}(k),\ k=1,2,\cdots,n-1 \tag{3.8}$$

在上述模型建立的基础上，需要预测人口变量以便估算能源消费量的数值。考虑到有很多不确定因素的影响，在进行灰色预测前需要对数据进行级比检验，只有通过级比检验进行灰色预测才是合理的[7]。因此，在对 2021—2060 年的数据进行预测前，先进行级比检验。具体结果如表 11 所示。

表 11 级比检验结果

年份	B1 级比值	时间	B1 级比值
2010	—	2016	0.992
2011	0.981	2017	0.995
2012	0.988	2018	0.997
2013	0.991	2019	0.997
2014	0.989	2020	0.999
2015	0.996	—	—

通过检验发现，原序列的所有级比值位于区间（0.846，1.181）内，说明原序列适合灰色预测模型。

3. 灰色预测结果

具体模型为：

$$B_t^{(1)}(t)=(B^{(0)}(1)+1\ 336\ 268.83)e^{0.006(t-1)}-1\ 336\ 268.83 \quad (3.9)$$

发展系数 a 表示数列的发展规律和趋势，灰色作用量反映数列的变化关系。后验差比值可以验证灰色预测的精度，后验差比值越小，则说明灰色预测精度越高。一般后验差比值 C 值小于 0.35 则模型精度高。结果显示，后验系数均小于 0.35，精度高。对 B1 预测，结果如表 12 所示。

表 12　灰色模型参数

变量	发展系数 a	灰色作用量 b	后验差比 C 值
人口（B1）	-0.006	8 017.613	0.038

3.1.3　基于时间序列（ARIMA）模型的经济预测

考虑到 GDP 受季节性、周期性等因素的影响，我们采用时间序列模型（ARIMA）对区域 GDP 分行业进行预测。时间序列模型可以根据过去的数据预测未来，比较符合事物的事件发展情况，是我国 GDP 预测的常用方法。其优点是在考虑发展趋势的同时，注重季节性和周期性变化对具体时间点的影响。采用开源或非开源软件均可以求解，本文采用 SPSSPRO 求解，模型求解难度适中。

1. 模型建立

$$B_{it}=\alpha+\beta_i t+\varepsilon_t \quad (3.10)$$

式中 i=1，2，3，模型反应 GDP 随着时间 t 的变动趋势。

2. 平稳性检验

利用式（3.10）对 GDP 分行业进行预测，即分别预测第一产业 GDP（B1）、第二产业 GDP（B2）和第三产业 GDP（B3）。采用 ADF 进行平稳性检验，因为只有平稳的序列才可以进行时间序列预测，结果见表 13。

检验结果可知，各变量时间序列在 10% 的显著性水平上具有显著性，时间序列是平稳序列，可以进行时间序列分析和预测。

3. 模型求解与预测

在平稳性检验的基础上，对模型求解并预测，结果如表 14 所示。

表 13 ADF 检验结果

变量	差分阶数	t	P	AIC	临界值		
					1%	5%	10%
B2	0	−1.901	0.332	86.899	−4.665	−3.367	−2.803
	1	−1.859	0.352	78.808	−4.473	−3.29	−2.772
	2	−2.796	0.059*	80.729	−4.939	−3.478	−2.844
B3	0	−0.073	0.952	110.374	−4.939	−3.478	−2.844
	1	−3.05	0.031**	94.501	−4.939	−3.478	−2.844
	2	−2.621	0.089*	99.503	−4.665	−3.367	−2.803
B4	0	−1.54	0.514	103.448	−4.939	−3.478	−2.844
	1	−1.449	0.558	88.273	−5.354	−3.646	−2.901
	2	−0.921	0.0781*	93.063	−5.354	−3.646	−2.901

注：**、* 分别代表 5%、10% 的显著性水平

表 14 回归结果

	非标准化系数		标准化系数	t	P	VIF	R^2	调整 R^2	F
	B	标准误	Beta						
常数	−9 754 168.464	106 334.504	−	−91.731	0.000***	−	0.999	0.999	F=8 528.057 P=0.000***
t	4 873.306	52.771	0.999	92.347	0.000***	1			

注：*** 代表 1% 的显著性水平

在显著性水平为 1% 的情况下，模型参数显著，该模型能够反映 GDP 变动趋势。具体模型为：

$$B_i = -9\,754\,168.46 + 4\,873.31t \tag{3.11}$$

表 15 灰色预测模型与 ARIMA 模型预测结果

预测阶数	预测值 B1（万人）	预测值 B2（亿元）	预测值 B3（亿元）	预测值 B4（亿元）
2021	8 591.62	4 096.43	39 816.19	49 532.88
2022	8 643.53	4 270.73	41 449.15	52 479.10

（续表）

预测阶数	预测值 B1（万人）	预测值 B2（亿元）	预测值 B3（亿元）	预测值 B4（亿元）
2023	8 695.76	4 442.35	43 082.11	55 425.31
2024	8 748.30	4 612.63	44 715.08	58 371.53
2025	8 801.15	4 782.24	46 348.04	61 317.74
2026	8 854.33	4 951.51	47 981.00	64 263.96
2027	8 907.83	5 120.61	49 613.96	67 210.17
2028	8 961.65	5 289.63	51 246.93	70 156.39
2029	9 015.80	5 458.60	52 879.89	73 102.60
2030	9 070.27	5 627.55	54 512.85	76 048.82
2031	9 125.07	5 796.49	56 145.81	78 995.03
2032	9 180.21	5 965.42	57 778.78	81 941.25
2033	9 235.67	6 134.35	59 411.74	84 887.46
2034	9 291.47	6 303.28	61 044.70	87 833.67
2035	9 347.61	6 472.21	62 677.66	90 779.89
2036	9 404.09	6 641.14	64 310.63	93 726.10
2037	9 460.91	6 810.07	65 943.59	96 672.32
2038	9 518.07	6 979.00	67 576.55	99 618.53
2039	9 575.58	7 147.92	69 209.51	102 564.75
2040	9 633.44	7 316.85	70 842.48	105 510.96
2041	9 691.64	7 485.78	72 475.44	108 457.18
2042	9 750.20	7 654.71	74 108.40	111 403.39
2043	9 809.11	7 823.64	75 741.36	114 349.61
2044	9 868.38	7 992.56	77 374.33	117 295.82
2045	9 928.00	8 161.49	79 007.29	120 242.04
2046	9 987.99	8 330.42	80 640.25	123 188.25
2047	10 048.34	8 499.35	82 273.21	126 134.47

（续表）

预测阶数	预测值 B1 （万人）	预测值 B2 （亿元）	预测值 B3 （亿元）	预测值 B4 （亿元）
2048	10 109.05	8 668.28	83 906.18	129 080.68
2049	10 170.13	8 837.20	85 539.14	132 026.90
2050	10 231.57	9 006.13	87 172.10	134 973.11
2051	10 293.39	9 175.06	88 805.06	137 919.33
2052	10 355.59	9 343.99	90 438.03	140 865.54
2053	10 418.15	9 512.92	92 070.99	143 811.76
2054	10 481.10	9 681.84	93 703.95	146 757.97
2055	10 544.43	9 850.77	95 336.92	149 704.18
2056	10 608.14	10 019.70	96 969.88	152 650.40
2057	10 672.23	10 188.63	98 602.84	155 596.61
2058	10 736.71	10 357.56	100 235.80	158 542.83
2059	10 801.59	10 526.48	101 868.77	161 489.04
2060	10 866.85	10 695.41	103 501.73	164 435.26

根据表 15，该区域在“十四五”（2021—2025 年）至“二十一五”（2056—2060 年）期间，人口规模总体呈增长趋势，在此期间，人口的平均增长率约为 28.18%，增长幅度相对较小。对经济变化的预测分别从第一、二、三产业的角度分析，在“十四五”至“二十一五”期间，第一产业人均 GDP（B2）的平均增长率约为 173.06%；第二产业人均 GDP（B3）的平均增长率约为 171.07%，略低于第一产业人均 GDP 的平均增长率；第三产业人均 GDP（B3）也呈直线型曲线式增长，第三产业人均 GDP 的增长速度在三类产业中最高，为 252.99%，且人均 GDP 远超第一、二产业的人均 GDP。第一、二、三产业的人均 GDP 均呈增长趋势，根据预测，在 2060 年时，第三产业人均 GDP 远远领先于第一、二产业人均 GDP，国家将经济重心转向第三产业的战略基本实现。另外，2060 年人均 GDP 达到 27 万元，较 2020 年的人均 GDP 提高了两倍，由此可见，总体经济稳步增长，将于 2060 年达到顶峰。

3.1.4 能源消耗量预测

根据上述预测结果，运用多元回归模型（式 3.2）对能源消耗量进行预测。结果如表 16 所示。

表 16 能源消耗量预测

时间	KGCE 预测（万 tce）	时间	KGCE 预测（万 tce）
2021	33 227.48	2041	79 413.23
2022	54 099.80	2042	81 624.86
2023	54 927.60	2043	83 976.34
2024	55 791.74	2044	86 478.77
2025	56 694.65	2045	89 144.21
2026	57 639.01	2046	91 985.76
2027	58 627.66	2047	95 017.69
2028	59 663.71	2048	98 255.49
2029	60 750.50	2049	101 716.00
2030	61 891.63	2050	105 417.58
2031	63 091.00	2051	109 380.17
2032	64 352.83	2052	113 625.51
2033	65 681.68	2053	118 177.25
2034	67 082.49	2054	123 061.16
2035	68 560.61	2055	128 305.30
2036	70 121.82	2056	133 940.25
2037	71 772.39	2057	139 999.36
2038	73 519.13	2058	146 518.93
2039	75 369.41	2059	153 538.62
2040	77 331.22	2060	161 101.60

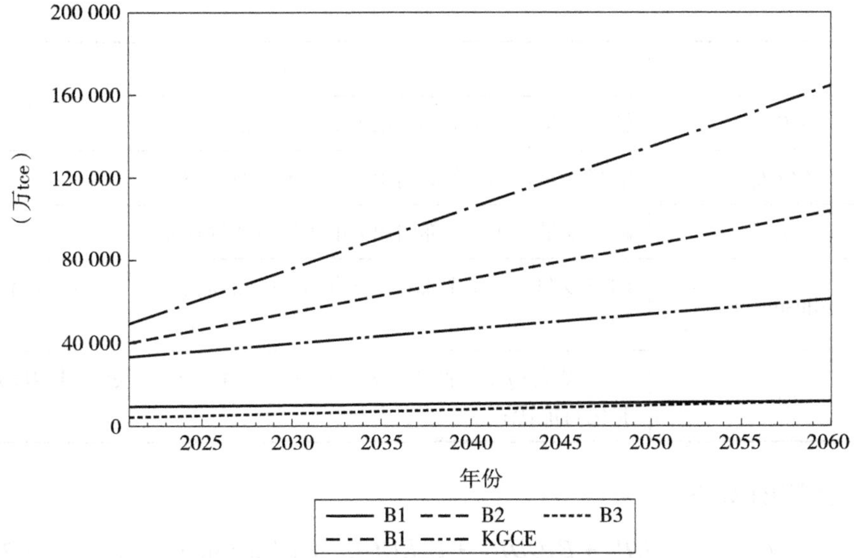

图 4　预测值趋势图

根据表 16 数据，在“十四五”（2021—2025 年）至“二十一五”（2056—2060 年）期间，区域能源消耗量呈增长的趋势，伴随经济发展，能源消耗量增加的问题不可避免[8]，但于增长速度基本保持不变，且增长率低于第二产业人均产值增长率，说明我国对第二产业的能源利用效率有所提高，增加了清洁能源的使用。

3.2　基于多元线性回归的区域碳排放量预测模型

3.2.1　多元线性回归模型设计

经分析可知，碳排放量与地区人口数量、地区经济 GDP，以及各能源消费部门和能源供应部门的能源消费量、能源品种结构等因素存在关联（表 17）。由于各能源品种碳排因子存在差异，本文采用平均值来衡量和建立多元线性回归模型。

表 17　变量解释

变量	解释
C_{it}	被解释变量，第 i 个部门第 t 年的碳排放量
P_t	解释变量，第 t 年的区域常住人口数量

（续表）

变量	解释
GDP_{it}	解释变量，第 i 个部门第 t 年生产总值
$KGCE_{it}$	解释变量，第 i 个部门第 t 年能源消费总量
η_{it}	解释变量，第 i 个部门第 t 年非化石能源比重
adjustment_{it}	调节变量，第 i 个部门第 t 年煤炭、油品、天然气等能源消费量
g_i	$g1$：煤炭；$g2$：油品；$g3$：天然气；$g4$：热力；$g5$：电力；$g6$：非化石能源；

模型构建如下：

$$C_{it}=\alpha+\beta_1P_t+\beta_2GDP_{it}+\beta_3KGCE_{it}+\text{adjustment}_{it}+\varepsilon_{it} \tag{3.12}$$

$$C_{it}=\alpha+\beta_1P_t+\beta_2GDP_{it}+\beta_3KGCE_{it}+\eta_{it}+\varepsilon_{it} \tag{3.13}$$

本文对各消费部门进行预测分析，涉及农林消费部门、工业消费部门和能源供应部门。但工业消费部门和能源供应部门有非化石能源使用，为了分析能源结构，我们为没有使用非化石能源的部门增加调节变量 adjustment。即工业消费部门和能源供应部门使用式（3.13），其他部门使用式（3.12）进行分析。

3.2.2 数据处理

由于人口（P）、GDP、能源消费总量等变量，与煤炭、油品、天然气、热力、电力其他能源等调整变量在量纲上存在差异，因此要对变量进行去量纲处理。由于碳排放因子在各能源品种和部门之间的表现存在差异，因此采用平均值。同时，由于缺少能源供应部门的碳排放数据，根据假设，我们仅考虑发电和供暖，并且按照能源供应部门发电和供热能耗量比例来推定煤和油品的使用比例（表 18）。

表 18　能源供应部门中各类能源消耗近似比例

年份	发电	供热	时间	发电	供热
2010	96.56%	3.44%	2016	94.94%	5.06%
2011	96.06%	3.94%	2017	94.01%	5.99%

（续表）

年份	发电	供热	时间	发电	供热
2012	95.40%	4.60%	2018	88.91%	11.09%
2013	95.89%	4.11%	2019	89.51%	10.49%
2014	94.79%	5.21%	2020	88.00%	12.00%
2015	94.36%	5.64%	—	—	—

3.2.3 回归结果分析

1. 农林消费部门

根据上述模型，对模型参数进行求解，计算农林消费部门的碳排放量与人口（P）、GDP、能源消费量和非化石能源消费比重之间的关系，借助岭回归估计对参数进行分部门分析，岭回归通过岭迹图确定 K 值，具体回归结果如表 19 所示。

表 19　农林消费部门数据的岭回归分析

<table>
<tr><td rowspan="2">K=0.188</td><td colspan="2">非标准化系数</td><td>标准化系数</td><td rowspan="2">t</td><td rowspan="2">P</td><td rowspan="2">R²</td><td rowspan="2">调整 R²</td><td rowspan="2">F</td></tr>
<tr><td>B</td><td>标准误</td><td>Beta</td></tr>
<tr><td>常数</td><td>−0.01</td><td>0.059</td><td>—</td><td>−0.169</td><td>0.870</td><td rowspan="4">0.953</td><td rowspan="4">0.933</td><td rowspan="4">47.719
（0.000***）</td></tr>
<tr><td>P_min-max 标准化</td><td>0.287</td><td>0.06</td><td>0.287</td><td>4.819</td><td>0.002***</td></tr>
<tr><td>GDP_min-max 标准化</td><td>0.178</td><td>0.066</td><td>0.165</td><td>2.682</td><td>0.031**</td></tr>
<tr><td>KGCE_min-max 标准化</td><td>0.524</td><td>0.078</td><td>0.526</td><td>6.694</td><td>0.000***</td></tr>
</table>

注：***、** 分别代表 1%、5% 的显著性水平

由于农林消费部门没有非化石能源，因此不考虑 η，岭回归的结果显示：F 检验显著性 P 值为 0.000，水平上呈现显著性，拒绝原假设，表明自变量与因变量之间存在着回归关系。解释变量 P、GDP 以及 KGCE 参数的 P 值分别为 0.002、0.031、0.000，在显著性水平为 5% 的情况下，t 检验均显著，同时，模型的拟合优度 R^2 为 0.953，模型拟合好。解释变量中 KGCE 的系数

最大，值为0.524，说明在农林消费部门，能源消耗量是影响碳排放的重要因素。因此，应加快能源转型，使用绿色、清洁能源，提高技术水平以降低能源消耗。

2. 工业消费部门

表20　工业消费部门数据的岭回归分析

K=0.017	非标准化系数		标准化系数	t	P	R^2	调整 R^2	F
	B	标准误	Beta					
常数	0.234	0.26	—	0.903	0.401	0.485	0.141	14.1（0.034**）
P_min-max 标准化	1.218	0.756	1.479	1.612	0.158			
GDP_min-max 标准化	0.692	0.706	0.884	0.98	0.365			
KGCE_min-max 标准化	0.004	0.766	0.005	0.006	0.996			
η_min-max 标准化	-0.169	0.269	-0.201	-0.629	0.055*			

注：** 代表5%的显著性水平

工业消费部门使用非化石能源，因此采用含有调整变量的模型。岭回归的结果显示（表20）：工业消费部门的 F 检验对应的 P 值为0.034，在显著性水平为5%的情况下显著，表明解释变量联合起来对被解释变量碳排放量有显著影响。在工业消费部门中，能源消费总量（KGCE）的系数、常住人口（P）以及GDP的系数均为正，表明其是影响碳排放量的重要因素。而非化石能源消费比重的系数为-0.169，非化石能源消费比重增加一个单位，碳排放量减少0.169个单位，表明增加非化石能源的消费有利于减少碳排放量。

3. 能源供应部门

能源供应部门有非化石能源的使用，因此选用模型含有非化石能源消费比重变量的模型。岭回归的结果显示（表21）：F 检验显著性 P 值为0.001，呈现显著性。模型的拟合优度 R^2 为0.944，拟合度高。人口（P）、GDP、能源消费总量（KGCE）三个变量在显著性水平为5%的情况下显著，并且其参数均为正数，因此当其他变量不变的情况下，人口（P）每增加一单位时，碳排放量平均增加0.307单位；同理，GDP每增加1单位，碳排放增加0.296单位。而能源消费总量（KGCE）每增加1单位时，碳排放平均增加0.595单位。

表21　能源供应部门数据的岭回归分析

K=0.078	非标准化系数		标准化系数	t	P	R^2	调整 R^2	F
	B	标准误	Beta					
常数	0.023	0.08	—	0.292	0.780	0.944	0.906	25.228（0.001***）
P_min-max标准化	0.307	0.092	0.352	3.345	0.016**			
GDP_min-max标准化	0.296	0.107	0.377	2.76	0.033**			
KGCE_min-max标准化	0.595	0.095	0.574	6.265	0.001***			
η_min-max标准化	0.007	0.106	0.008	0.062	0.953			

注：***、** 分别代表1%、5%的显著性水平

由于能源供应部门有非化石能源的使用，从回归结果来看，非化石能源消费比重每增加1单位，会使碳排放增加0.007单位，小于其他变量的正向作用，但是这一结果并不显著，由此可以认为，非化石能源消费比重的增加对碳排放有一定的抑制作用，根据Kaya模型，可以降低碳排放因子。

综上所述，碳排放量的增加与各消费部门煤炭、油品使用量有很大的正相关关系，说明化石能源的使用会大幅度增加碳排放量，而热力、生物质能以及其他非化石能源的使会一定程度上缓解碳排放。因此，从碳排放与能源结构的角度来看，可以增加生物质能、热能、风能等非化石能源的使用比重，减少煤炭、油品等化石能源的使用。非化石能源消费比重提升可以减少碳排放量，根据Kaya模型，结合回归分析结果，当人口（P）、地区GDP以及单位GDP能耗一定的情况下会使碳排放因子减小。

4 结论与对策

本文通过分析区域人口、经济、能源消费量与碳排放量的现状，构建了区域碳排放量以及经济、人口、能源消费量的预测模型，探索区域“双碳”目标，综合得出以下结论：

第一，人均GDP增长是碳排放量增长的最大驱动因素。我国人均生产能力的不断提高、经济的持续发展、工业化和城市化进程的加快必将带动能源的大量消费和二氧化碳的大量排放。第二，我国现阶段的产业结构决定了碳排放量增长的现状。我国经济迅速增长，高耗能行业仍然占有相当大的比重，势必带来能源需求量的持续增加，也因此带来大量的碳排放。第三，能源消费结构是造成二氧化碳排放的最主要原因。尽管近几年来能源结构调整力度不断加大，预计2030年非化石能源比重进一步优化至20%，煤炭消费比重降至50%左右，但以煤炭为主的能源消费结构依然难以改变。第四，技术进步可以通过改进提升能源利用效率、管理效率以及碳捕集与封存等技术发展水平，进而减缓甚至降低二氧化碳的排放。

根据分析和结论，本文提出以下对策建议。首先，经济、人口、能源等能源政策会对碳排放产生重大影响，因此可以利用预测模型分析政策对碳排放的影响，从而为区域发展，制定政策提供决策依据和参考。其次，牢牢把握应对气候变化的核心碳减排技术是关键，例如碳捕集、利用和封存（CCUS）技术、生物能源与碳捕集和封存（BECCS）、直接空气碳捕集和封存（DACCS）等。再次，充分利用数字经济实现碳减排渠道，即发挥其降低能耗效应和产业结构升级效应，促进区域绿色化建设。最后，构建现代化数字产业生态体系是展望，即探索创新数字经济赋能碳减排的新业态、新模式，从根源上降低能源消费与碳排放。

参考文献

［1］王凯，关锐，胡鸣镝，等．数字经济与碳排放绩效：以中国276个城市为例［J］．环境科学研究，2023，36（9）：1824-1834. DOI：10.13198/j.issn.1001-6929.2023.07.23.

［2］唐杰，崔文岳，温照杰，等．基于 Kaya 模型的碳排放达峰实证研究［J］．深圳社会科学，2022，5（3）：50–59.

［3］李玉杰，赵晟．基于主成分分析法和熵值法的海岛可持续动态评价研究——以浙江舟山为例［J］．海洋湖沼通报，2023，45（3）：76–81.

［4］王伟，邹伟，张国彪，等．“双碳”目标下的城市群国土空间规划路径与治理机制［J］．环境保护，2022，50（S1）：64–69.

［5］焦有权，冯吉，杨林林，等．面向松树生长量的灰色模型 GM（1，1）预测研究［J］．数学的实践与认识，2020，50（21）：83–88.

［6］谌桢文，常军．综合岭回归和 SARIMA 方法在桥梁健康监测数据分析中的应用［J］．科学技术与工程，2023，23（20）：8846–8853.

［7］王军武，呙淑文．基于灰色关联度的建筑供应商选择方法研究［J］．武汉理工大学学报，2007，29（3）：153–156.

［8］李宜衡，王振强，朱培武．我国碳达峰碳中和标准化现状及对策建议研究［J］．品牌与标准化，2023（5）：21–24.

文海纵横

试析《伤逝》中的第一人称写作

尹诗怡

摘　要：《伤逝》全名《伤逝——涓生的手记》，是鲁迅1925年10月21日完成的小说，收录在小说集《彷徨》之中。文本中第一人称写作的复杂性成为讨论的热点，本文从忏悔小说与忏悔行为的区别入手，探讨写作者涓生与忏悔者“涓生”之间的多声部现象，从叙事节奏的失控中找到引发痛苦并写作文本的真实原因——第一人称的不确定性，进而探讨隐藏在第一人称单数写作背后的群体矛盾。

关键词：第一人称；忏悔小说；多声部；启蒙思想

这篇小说问世以来，就被视作鲁迅极少见的爱情小说而广受讨论。小说以手记的结构生成，呈现出一种较为私人化的叙事模式。作为主人公的涓生一面是过去爱情生活的亲历者，一面又是子君去世后的回忆者与忏悔者。在鲁迅的写作中，两重乃至三重的时空之间具有清晰的结构，迥异于意识流小说的流动性，读者很容易地辨别出其中涓生感情的复杂与矛盾，限制视角[①]的叙事也增添了读者关于手记以及第一人称叙事的可信度怀疑。事件本身的扑朔迷离以及涓生叙事的有意隐瞒也使得涓生自身的形象具有一种不确定性，进而引发了下一个问题：作为第一人称的涓生的形象是怎样的？他在第一人称写作中是否存在主体性确立和缺失的矛盾呢？这种矛盾是他的个人病症吗？

作者简介：尹诗怡，女，内蒙古人，同济大学人文学院中国语言文学专业2022级硕士研究生，主要研究方向为中国美学和德国艺术史。

① 限制视角是小说中的一种写作手法。这种视角是从作品中的某个人物出发，作者的认知不超越这个人物的认知，限制视角会增添叙事的真实感。

1 自我脱罪之需求

刘禾认为，文章中的回忆呈现为一种指示性的作用。[1]那么回忆是谁的呢？是一个上帝的全知视角吗？如果是上帝的全知视角，就不会对这两人的思考有人为的隐瞒或者说侧重。但小说中的回忆却没有呈现出一种十分清晰的结构化特征，而是有重有轻，甚至有的时候是戛然而止的。依据小说的副标题“涓生的手记”可以揭晓答案——这个回忆是恋爱一方的涓生作出的，小说的叙事视角也成为第一人称限制视角。在限制视角的叙事中，涓生表现出一种真诚的忏悔——至少在手记的开头和结尾处是这样的：

> 如果我能够，我要写下我的悔恨和悲哀，为子君，为自己。[2]
>
> 我活着，我总得向着新的生路跨出去，那第一步，——却不过是写下我的悔恨和悲哀，为子君，为自己。[2]

如果对涓生的叙述完全不抱怀疑，那么这篇文章应当是一篇宗教性的忏悔念词，但事实上，这并不是一个纯粹的忏悔活动后留下的记录，而是忏悔的写作。

正如卢梭的《忏悔录》中有许多藻饰或刻意忽略的情节，忏悔小说作为一种写作行为，尽管在时间的叙述方式与情感的表达方式中均贯穿着“忏悔”的线索，但却绝不能简单理解成为单纯的忏悔行为。忏悔行为本身是宗教性的——信徒向神父忏悔，忏悔之行为的完成不在于语言本身，而在于忏悔行动发出后内心经历的真实的愧疚。由此可以看出，忏悔行为与忏悔小说本身存在“文学性”这一重大差别，因此就不能把忏悔小说的作者完全视为一个纯粹的忏悔者形象，其中还包含许多隐藏在第一人称叙述语言表层之下的矛盾。事实上，小说开头“写下悔恨与悲哀”这句话就起到了区别忏悔行为和忏悔小说的作用，通过“写下”，涓生实际上是在提醒读者他的“书写忏悔”的意识，作为写作行为的忏悔本身解构了忏悔的真实性。那么就不能完全从宗教的角度去看忏悔小说，而要考证将忏悔写作小说的这一创作过程以及其背后原理。

如果在鲁迅全集中进行检索，可以发现这篇小说的题目是非常特别的，鲁迅小说基本都只有一个主标题，例如《狂人日记》《铸剑》等；带有副标题的基本都是鲁迅的讲演，例如《革命时代的文学——四月八日在黄埔军官学校讲》《读书杂谈——七月十六日在广州知用中学讲》等。在鲁迅的讲演中，“我”就是鲁迅自己，主标题是第一人称的“我”从内容中提炼并创造出来的，副标题则起到说明补充的作用。那么在这篇小说中，“伤逝”更像是写完手记后的涓生概括了整篇内容后提炼出来的，这里就产生了一个矛盾，如果这是一篇单纯的忏悔日记，只是记录涓生当下的感情，他又为何要给日记定下一个题目呢？主标题的文学性表达指向了一个可能性——这是涓生有意识的忏悔写作而非忏悔本身。

事实上，尽管刘禾在2002年的《跨语际实践：文学，民族文化与被译介的现代性》中就提出了对涓生作为忏悔者形象的质疑——“涓生消解过去的尝试。将‘叙事的自我’与‘故事的自我’在一种令人怀疑的忏悔之声中联合起来。”[1]但此后的许多研究者依然将涓生的形象简单化为一个“真诚的忏悔者”。[3]想要破除这一幻象，还要从隐含读者的角度去思考。事实上，这篇手记中的一些蛛丝马迹带有元小说的明显特征，正如帕特里夏·沃（Patricia Waugh）对元小说进行的特征总结：“颂扬创造性想象力的力量，以及对其表现形式有效性存在不确定；对其表现的有效性的极端自我意识；对语言、文学形式和小说创作行为的极端自我意识；对虚构与现实关系的普遍不安全感；一种戏仿、俏皮、过度或看似幼稚的写作风格。”[4]涓生对忏悔的写作行为似乎不仅仅是“指示”[1]可以概括的，其还具有极端的文本自觉意识，甚至是一种对忏悔行为的刻意模仿，是在和读者进行躲猫猫式的游戏。

那么在涓生写作的时候，他是否预设了读者呢？国家玮在其关于《伤逝》中第一人称写作的文章中认为，手记完全是私人化的行为，其作用是在涓生的私人领域中完成他的愿望：“对过去的所有回忆都是为了第一人称叙事者自我救赎的现实需要，而不是乞求读者在阅读后给予自己一方适当的同情或是认同。”[5]这种看法事实上没有考虑到涓生叙述中的话语矛盾。涓生在结尾处指明自己：“要遗忘；我为自己，并且要不再想到这用了遗忘给子君送葬。”[2]通过真诚地忏悔来减轻自己的罪孽，甚至是遗忘自己的罪孽，这是一种宗教式忏悔行为的特征——“罗马天主教会声称，神父的赦免是一种宽恕的行为；为了获得赦免，忏悔者必须承认所有严重的罪恶，并表现出真正的‘悔恨’，或对罪的悲伤，以及一个相当坚定的赎罪目标。”[6]这似乎是成立的，前提是涓生需要真诚地记录下他的“罪行”和其他的细节。但是，涓生在叙述的过程中有多次偏离回忆，尤其是在他向子君表白的部分，几乎是避而不谈。范阳阳在文章中将涓生此处的心理动因解释为“愧恧”[7]，认为对告白情景的遗忘是因为这个场景中的涓生在与其始终扮演的导师形象之间出现了裂痕，这个裂痕使他无法确定自己的身份。但事实上，对告白场景的遗忘还可以消解订立契约的庄重感，使之为之后的行为脱罪。这种矛盾的行为既难以指向怀念子君的目的，也难以指向疗愈自身的目的，这些被压抑的故事被刘禾称为“见证又否认的不安状态”，这种不安更直接指向为一种无罪辩护，对象则是涓生在写作之时就通过标题等预设的文本读者。向预设读者脱罪和宗教忏悔行为之间存在巨大的沟壑，因此涓生的忏悔写作出现了裂缝。

在目的论的裂缝之上，他的忏悔写作甚至表现出失控的状态——在涓生第一人称的回忆中出现了不同声部的叠加状态。

2 失控的叙事节奏

不同的声部可以透过事件中涓生不一致的情绪表现出来。事实上，在整篇手记中，涓生的情绪是不一致的：在手记的开头和结尾处，涓生都用了“悔恨”“悲哀”这两个形容词来为自己此时的情绪下定义，是在为自己所做事情进行忏悔。但是在忏悔之外，涓生绝不只是将自己视为加害者，而同时也将自己视为这段感情的受害者——“我要将真实深深地藏在心的创伤中”[2]，因此他是需要疗伤的，而疗伤的方法就是写下这篇手记。那么他的创伤是谁造成的呢？刘禾在此处对题目中的“伤”作出了深刻的分析，她认为“伤”是一个互文的动作——涓生在同居后所做的冷暴力乃至抛弃等行为伤害了子君，而子君的逝则又对涓生的心灵造成了道德的伤害[1]。涓生显然是意识到了这一点的，因此他对子君的感情并不只有愧疚，还有埋藏在内心深处的怨和怕，因此在“子君婚后精神世界的镜子”[8]阿随回来后，涓生立刻离开了吉兆胡同，他避之不及的绝非小狗阿随，而是被他抛弃后死去的子君。有鉴于这样下意识的逃离已经出现，涓生在后文中提到的“在孽风怒吼之中，我也将寻觅子君”“我将在孽风和毒焰中拥抱子君”[2]就显得有些苍白了。

在文本中间的部分，涓生借生活中的琐事，写“子君没有先前那么幽静，善于体贴了”“尤其使我不乐的是她要装作勉强的笑容”[2]，等等。涓生第一人称的回忆将子君塑造成了一个庸俗、吵闹、难以沟通的家庭妇女，也正因如此，他逃出家门去、他和子君分手似乎有了事件的铺垫而显得合情合理。汪卫东认为，这一部分的写作“却又为‘我’之厌弃子君申述和强调了大量的理由，甚至显得振振有辞”[9]。事实上，从写作的层面来说，有写作意识的作者涓生和他笔下的人物“涓生”是有差别的。在忏悔写作的伊始和结束时刻，作为作者的涓生意识是清醒的，因此有意识地在塑造一个真诚的忏悔者“涓生”，而在行文至中间时，作者涓生并不能时刻把握好自己的叙事，因此在某些细节的叙述中表现为与忏悔情绪截然相反的推脱和埋怨。

刘禾在《跨语际实践：文学，民族文化与被译介的现代性》中，将这种第一人称的多声部现象解释为时间层面的穿梭——第一层面是写作的过程，第二层面是涓生和子君的同居生活，第三层面是两人还未同居时。她将涓生情绪结构的回环归因于涓生的“分裂式自我”，似乎走向了涓生的心理疾病研讨。[1]但事实上，如果从叙事的行为来拆解，作为作者在进行忏悔写作的涓生事实上一直在试图获得文本的控制权，试图创造出一个真实的、愧疚的忏悔者“涓生”，文中的第一人称就是这个被创造出来的“涓生”。但在叙述的过程中，作者涓生在情绪激动时闪入了文本发出自己的声音——无罪辩护，夺取了“涓生”的声音，因而造成了文本的自相矛盾和两重声部的杂音，第一人称的叙事失控了。

那么如何确证这种双声部的存在呢？鲁迅使用了一种极为简单但足够有效的方式——破折号。在涓生回忆曾经和子君看雪莱的半身像时，子君的注意力并不集中：

> 当我指给她看时，她却只草草一看，便低了头，似乎不好意思了。这些地方，子君就大概还未脱尽旧思想的束缚，——我后来也想，倒不如换一张雪莱淹死在海里的记念像或是伊孛生的罢。[2]

破折号前是“涓生”的所见以及推断，破折号后则提出了一种新的解决办法，提示话语停顿的不止有标号本身，还有“后来”，表明破折号前后的思考并非同一时间或是同一声部的涓生作出的。而在涓生回忆接受表白时的子君的表情处同样也用了破折号：

> 不但我自己的，便是子君的言语举动，我那时就没有看得分明；仅知道她已经允许我了。但也还仿佛记得她脸色变成青白，后来又渐渐转作绯红，——没有见过，也没有再见的绯红。[2]

在此处有两个提示时间状态的词语，“见过”的时态是过去完成时，指当时表白的涓生之前未见过子君的绯红面色，而“再见”则是现在完成时，是正在写文本的涓生宣告了这一绯红面色的开始即终结。此后，由于涓生急切想要摆脱子君开启新的生活，但他想到的离开似乎无法平稳实现，于是他不止一次想到了子君的死。巧合的是，将子君与“死”的意象相关联的想法几乎都出现在破折号之后：

> 觉得新的希望就只在我们的分离；她应该决然舍去，——我也突然想到她的死，然而立刻自责，忏悔了。
>
> 冰的针刺着我的灵魂，使我永远苦于麻木的疼痛。生活的路还很多，我也还没有忘却翅子的扇动，我想。——我突然想到她的死，然而立刻自责，忏悔了。[2]

在破折号之前的书写是尚留有余地的，可破折号之后他对子君的期盼则完全指向了最阴暗的道路，在“死”之后，立刻补上了“自责”和“忏悔”。先想到死，然后立刻忏悔，那么这里的忏悔究竟是发自真心，还是为了给自己真实的想法脱罪呢？

在《中华人民共和国国家标准标点符号用法》中，破折号的使用有解释说明、语气延长、话语突转、列举分承等用法[10]。如果单从句法功能来理解破折号的使用，显然是不足够的。事实上，在破折号前的第一人称叙述是温和的、冷静的，而破折号后的第一人称情绪则更为冷漠，也带有一种明显的评述语气。在情绪之间再次出现了矛盾，出现了一种明显的撕裂感，破折号充当的就是具象化的裂缝，可以经由裂缝窥见第一人称的混杂声音。

汪卫东认为："《伤逝》中的分离在价值上没有形成以叙述自我为主体的统一趋向，本文中两种自我在价值上分庭抗礼，读者很难对作品作出明晰的价值判断。"[9] 尽管解读行为会因为第一人称的声部混杂而产生阻力，但无论是行文中回环的情绪结构还是破折号的分裂使用都可以瞥见叙事节奏的失控——当然，这失控是指向写作的涓生的，而非鲁迅本人。

3 自足性的缺失

既然作为写作者的涓生通过第一人称叙事塑造一个忏悔者的角色以希求掩盖真实事件的目的已经被发现，那么就应当再深入一步，他是否真正认识掩藏在第一人称叙事背后的自己？涓生是否真的可以像他文中提到的那样通过记忆走向遗忘的解脱？

在整篇文本中，子君的形象是通过涓生的感官印象建立的——一个视觉上苍白、声音上不幽静、嗅觉上弥漫着煤烟味的女人。他们之间的交流少得可怜，问答的形式在对话中也极为少见，涓生对于子君的心理感受多采用猜想的方式，例如在他猜测子君不看雪莱半身像是因为思想不够解放。只有在丢掉阿随后，罕见地发起了一场由涓生提问、子君作答的对话：

> "奇怪。——子君，你怎么今天这样儿了？"我忍不住问。
>
> "什么？"她连看也不看我。
>
> "你的脸色……。"
>
> "没有什么，——什么也没有。"[2]

但这段对话最终也没有真的得到子君确证的回复，继而就出现了涓生关于子君"浅薄"的猜想。事实上，在二人的关系之中，涓生作为文本的叙述者是存在威权的，王桂妹说子君是"涓生谛视下的子君"[11]，这种判断确实不错，因为第一人称叙事下的涓生总归逃脱不了为自己脱罪的嫌疑。但他是否真的在这个文本中彻底完成了对女性的迫害呢？似乎也不是这样。

拉康在镜像理论中认为，人的生成本质上要通过他者来建立，正如婴儿看到镜子里的镜像自我后确认了自我的存在，人在社会的进程中也要通过对镜像的模仿来完成自我的建构。为了让自己成为自己，就向外部寻找形象，一旦理想自我被阻断了，理想失败得不到实现，就会因爱生恨，产生进攻性。涓生在文本后半段中始终提到的一个词是“自由”，自由是启蒙运动中的重要思想，也成为那个年代知识分子追逐的信条格言。在关于《自由之友》的叙述中，涓生无意识地进行了符号学的替换：涓生—供稿人—《自由之友》—自由，将谋生的现象错认为自由的本质，这是对启蒙话语的一种演说。但遗憾的是，尽管涓生熟读《玩偶之家》，通过戏仿的模式从子君的旧家庭中带走了子君，最后希望通过同样的思想劝说子君离开自己，但他始终未能意识到自身玩偶命运的依附性。他将此前的工作看作是不堪的笼子，将自己驱逐子君的动作美化为出走，而《自由之友》或者说通过写文章来获得有尊严的收入的生活则被视为他人生之路向前的愿景，是可供他“振翅”的空间。但他始终没有意识到，或者说不愿意识到，自由背后真正发挥作用的是金钱。这正是鲁迅在《娜拉走后怎样》中提到的观点：“钱，——高雅的说罢，就是经济，是最要紧的了。自由固不是钱所能买到的，但能够为钱而卖掉。”[2] 从这样的角度来看，对于子君来说，逃不掉的梦魇来自父权；而涓生同样也是一个玩偶，尽管他已有意识地在进行启蒙思考，但金钱仍是一个实际的、无法被思想直接疗愈的大他者，在当时的威权框架内，自由和尊严始终是涓生的幻想。将金钱的问题通过自由思想来解决，这样的错位是涓生作为知识分子的第一重悲剧。对于子君来说，可模仿的镜像偶像是涓生，而当涓生抛弃了她，理想就此断裂，死亡几乎成为命定的结局。而对于涓生来说，他同样被镜像中的启蒙知识分子迷住了。悲剧就在于镜像给予他的仅仅是被伪装了的自我形象，从他失去工作开始，理想就开始断裂，镜像的完美和现实之间的撕裂感逐步增强，因此涓生的自我如同雾气一样不断消散，而他们之间的爱情在多重镜像的反射中也化为泡影。正如张一兵所说：“在这个镜像式的伪在中，根本不存在弗洛伊德所说的主体自恋和自我认同，而是存在论上的异化之无，而人将被这个自画像欺骗终生。”[12]

除此之外，若从“主奴辩证法”角度分析，将会发现除了对自己真实的矛盾不够敏感外，涓生的主体性也是摇摇欲坠的。他不仅仅受制于经济的窘迫和理想的破灭，他同时也强烈地依附着子君的存在。黑格尔认为，人与外界的意识必须要通过生死斗争才能确立自身的合法性，斗争成功的一方成为主人，而另一方则沦为奴隶，奴隶被看作是非主要的。但是，黑格尔同样指出，主人和奴隶之间的关系不是永恒不变的："主人与奴隶在一定条件下会相互转化，主人的生存必须依赖于奴隶，而奴隶在劳动中获得自己的自为存在，重新获得了自我意识。"[13]在涓生与子君的关系中，涓生似乎成了主人，子君的所有思考和劳动都是为了他而产生，但实际上在意识到子君死后，涓生立刻陷入了精神危机。范阳阳认为，涓生与子君的关系是启蒙者与被启蒙者的关系——"涓生始终处于主动的给予者的地位，而子君完全笼罩在他的话语流之中，只是被动地接受，乃至一定意义上的'附和'。"[7]但这样的解释还是稍显不足。在子君明确说出："我是我自己的，他们谁也没有干涉我的权利！"[2]之后，他们的感情迅速升温，快速地走到了同居的阶段。但在同居后，子君将注意力更多地投入琐事中，涓生对此是不满的：

> 子君的功业，仿佛就完全建立在这吃饭中。吃了筹钱，筹来吃饭，还要喂阿随，饲油鸡；她似乎将先前所知道的全都忘掉了，也不想到我的构思就常常为了这催促吃饭而打断。[2]

在这段关系中，涓生所关注的更多是维持文学的交流，更准确地来说是启蒙思想的交流。在一些论文中关于涓生的描述是一个拿文学作幌子的伪君子，这样的埋解也走向了极端，不妨承认一点：他们的爱情是始于思想的交流的。基于此，他们的关系也就不仅仅是启蒙者和被启蒙者之间的关系那样简单，更像是一种镜像关系，"……她（子君）也是一个被启蒙的对象，是涓生情感与思想的镜像，在子君的眼中，涓生照见了自己的伟大的力"[11]。涓生自己作为启蒙者的力量是不够的，他需要一个呼应自己的人，只有听众存在，他自身作为启蒙者才能够存在，他们两个人之间的回音壁效应才能产生。从这样的角度来看。子君是他的第一个附和式作品，她的价值不在于她作为女性、作为子君的身份，而在于她是一个可以回应、可以改造的思想对象。当子君不再回应他的思想，涓生将这一切归因于子君在日常琐事中的堕落，希冀通过结束这段关系来完成更新。但他自身对于子君也是有依赖性的，因此子君死后，他也无法走出精神困境。

子君去世了，但涓生求生的欲望仍很强烈，这种求生不只是指物质上的谋生，更是指精神上的稳定，那么他就需要为自己孱弱的主体性找一个新的安身之所，这条出路就是写作。在写作中，涓生作为第一人称组织了所有话语，在刘禾看来，这种写作行为能够“肯定他本人对过去故事的权威的、指示性的控制”[1]。他为何要获得这种控制权？因为抽象的启蒙思维无法成功运用到他具体的生活中去，而在写作中，尤其是第一人称的叙事中，他能够自觉成为忏悔人物“涓生”的创造者，同时也能在话语的运用中期盼读者来取代子君的位置——创造出一个新的附和式作品来取代第一个作品消失后的空洞。

隐藏在第一人称叙事背后的实际上是写作者涓生始终未意识到的漂浮的自身，第一人称叙事的失控来源于他自身的不确定性。

4　启蒙知识分子的意义视角

第一人称叙事的失控照见了无法确立的涓生主体，那么他是否是特殊的，正经历着世上罕有的矛盾的人呢？这就需要回返到他常提到的概念“自由”上来。事实上，自由（freedom）是西方启蒙思想中的核心概念，自五四以来就成为知识分子们讨论的核心。鲁迅在介绍德国的施蒂纳（Max. Stirner）时谈道：“意盖谓凡一个人，其思想行为，必以己为中枢，亦以己为终极：即立我性为绝对之自由者也。”[14]这种自由当然是极端个人主义的自由，但不可否认的是，“自由”一词更大程度上指向的是自我。爱情则与之不同，在爱情构成的关系中，不仅有自我，还有他者的存在，韩炳哲甚至将爱指向了自我的让步直至毁灭：“（爱）将主体从‘自我’世界中拉扯出去，转移到‘他者’世界。”[15]爱似乎本身也是一种自由——主体可以选择是否爱、爱的方式以及爱的对象，但是在爱之中首先必须承认他者的存在，还要承担两个主体之间的关系，转换到世俗语境里来就是需要承担责任，那么爱就无法成为绝对的自由。“爱”与“自由”当然不是意涵相等的，但他们是否构成完全的对照或者说对立关系呢？涓生在文本的创作中，就将“爱”与“自由”进行了对立的比较，将子君及他们的关系视为笼子，而自己则是被笼子困住的、向往自由的小鸟。

事实上，这种关于爱与自由关系的讨论，鲁迅很早就注意到了。据孙用说，鲁迅先生正是介绍裴多菲到中国来的第一人[16]。鲁迅在《摩罗诗力说》中介绍了裴多菲的生平，视其为一位匈牙利的爱国诗人，将其放在了很高的位置上，同样也对他的核心思想“自由”有十分深刻的印象。为此他还专门引用了裴多菲的一篇日记：“吾琴一音，吾笔一下，不为利役也。居吾心者，爱有天神，使吾歌且吟。天神非他，即自由耳。”[14]在这里，裴多菲认为自由是他创作的源泉，而与自由相对的概念则是“利役”，是功利心，可见世俗生活中的利益关系是位于启蒙思想的底层的。此时，关于爱情和自由的对比尚未引入。

1933年，鲁迅在纪念殷夫的文章中记录了殷夫生前翻译的一首裴多菲的诗作，这首诗在中国的流传度极高：

> 生命诚宝贵，爱情价更高；若为自由故，二者皆可抛！[17]

在这首诗中，爱情与自由之间的取舍便出现了——舍爱情而取自由。这似乎成为男性启蒙知识分子共享的一条真理，可以来为自己情感上的不负责任开解。当然，这也成了涓生的一种辩白手段，因为这似乎可以由自己的错位推到时代的观念上去，这是所有知识分子都在面临的共题，那么涓生自己的愧疚就可以降低许多。但是，跨过思考的表面，既然涓生可以认同这种观点，他又为何要不断表达自己的愧疚呢？他是否真的认同呢？

事实上，涓生始终处于一种道德困境内，对比若干年后约翰·班维尔（John Banville）的《证词》中杀人犯关于杀人动机的近乎零度叙事的自陈：

> 我第一次在法庭露脸后，报纸就指出当所有罪行被公之于众后我没有任何悔过自责的迹象。（他们希望看到什么？我痛哭流涕，捶胸顿足，撕毁衣服？）他们总是愚蠢地希望发生点什么可供他们大肆发挥。悔恨暗示着渴望得到原谅之心，而我知道自己犯下的罪行是不可饶恕的。我可以假装伤心欲绝，懊悔万分，难过自责，但这些又有什么意义？即便我的内心深处确实涌起这些情绪，但是这能改变什么？大错已经铸成，任何痛苦和忏悔都不能改变什么。[18]

而涓生在脑中闪过子君的死后立刻忏悔，在驱逐子君后立刻感到轻松愉悦，但又在冷静下来后感到“沉重”，希望自己没有告诉过她这件事。在涓生这里，他一面受到启蒙思想中关于绝对自由的诱惑，一面又受到传统道德观念的约束，处于不断地撕扯之中，他或者说当时的启蒙知识分子都处于一种煎熬的心理状态之中。这种心理，对于不曾演说过启蒙思想的农民或工人来看，是无法真正理解的，那么涓生写作的隐含观众此时就分明了：这是同样写给启蒙知识分子的忏悔写作。

因此，刘俊关于涓生的定义：“一个缺乏理性精神、每每以冲动的念头指导自己行为的盲动者。”[3]就稍显力道不足，因为涓生始终不是一个完全的启蒙思想者，他始终处于一种痛苦的拉扯里。由于自身正处于意义死角之中，于是这批自认为的启蒙知识分子需要通过文本的创作来确认自己的意义，这是时代的病症，从这个角度来看，第一人称单数的“我”背后是第一人称复数的“我们”。

5 结论

《伤逝》是一个非常复杂的读本，李福亮倾向于将其解读为个人奋斗道路的崎岖，在刘禾的解读中又成为一种男女权力不平等的内在话语之确证，其他大部分的研究将其看作爱情与生活发生冲突后的时代悲剧。但是如果将忏悔写作行为本身视作研究对象，就可以破除关于涓生的片面猜想。文本中有两个涓生，一个是写作忏悔文本的作者涓生，他的感情是激烈的，试图在写作行为中为自己脱罪；另一个则是被创造出来的人物“涓生”，他是一个能够意识到自己错误的真诚的忏悔者形象。在两个声部的交缠中，鲁迅追求的讽刺的张力出现了。宗先鸿认为：“鲁迅对包括自己在内的男性启蒙者的精神弱点有相当清醒的认识，他既对处于弱势地位的女性寄予深切的悲悯和同情，又为两性不平等关系中的男性责任感到忏悔和自责，一切尽在鲁迅的审视与洞察之中。”[19]

在对启蒙思想的迷恋中，涓生和子君的恋爱开始又结束。子君死后，巨大的道德压力和生存困境倒逼涓生写作，在忏悔的写作行为中涓生确立自身的主体性。但他的主体始终是不明晰的，甚至是有所附丽的——金钱、启蒙思想。如果他无法意识到自己是另一个娜拉的悲剧，那么这种痛苦将永远无法消除。

参考文献

[1] 刘禾．跨语际实践：文学，民族文化与被译介的现代性［M］．宋伟杰，等译．北京：生活·读书·新知三联书店，2014.

[2] 鲁迅．鲁迅全集（第二卷）［M］．北京：人民文学出版社，2005.

[3] 刘俊．对“启蒙者”的反思和除魅——鲁迅《伤逝》新论［J］. 文艺争鸣，2007（3）：110–113.

[4] KOTLER A. Dream narratives and metafictionality in the Persian *Jog Basisht* ［J］. Postmedieval，2022，13，（3）：403 - 417.

[5] 国家玮．“空间”的现代性：论《伤逝》的第一人称叙事［J］．鲁迅研究月刊，2015（5）：4–22.

[6] 夏金．约翰·班维尔忏悔小说的偏离研究［D］．上海：上海外国语大学，2014.

[7] 范阳阳．《伤逝》中涓生忏悔心理动因分析［J］．鲁迅研究月刊，2012（6）：85–91.

[8] 李福亮．《伤逝》中的阿随［J］．黑龙江大学学报（哲学社会科学版），1979，6（1）：46–49.

[9] 汪卫东．错综迷离的忏悔世界——《伤逝》重读［J］．鲁迅研究月刊，1998（10）：37–46.

[10] 中华人民共和国国家标准标点符号用法［J］．语文建设，1996（9）：7–12.

[11] 王桂妹．想象子君的痛苦 追问涓生忏悔的限度——《伤逝》的叙事空白［J］．名作欣赏，2006（23）：14–18.

[12] 张一兵．从自恋到畸镜之恋——拉康镜像理论解读［J］．天津社会科学，2004（6）：12–18，74.

[13] 胡亚敏，肖祥．“他者”的多副面孔［J］. 文艺理论研究，2013，33（4）：166–172.

[14] 鲁迅．鲁迅全集（第一卷）［M］．北京：人民文学出版社，2005.

[15] 韩炳哲．爱欲之死［M］．宋娀，译．北京：中信出版集团，2019.

[16] 孙用．裴多菲之在中国［J］．读书月报，1957（2）：26.

[17] 鲁迅 . 鲁迅全集（第四卷）[M]. 北京：人民文学出版社，2005.
[18] 约翰·班维尔 . 证词 [M]. 陆剑，译 . 上海：上海译文出版社，2016.
[19] 宗先鸿 . 卢梭与中国近现代文学 [D]. 长春：东北师范大学，2006.
[20] 张一兵 . 拉康镜像理论的哲学本相 [J]. 福建论坛（人文社会科学版），2004（10）：36-38.
[21] 吴琼 . 拉康：一种黑格尔式的读解 [J]. 外国文学，2002（1）：65-71.

媒介文化视域下电视剧《梦华录》的文化传播研究

丁熙桐

摘　要： 电视剧《梦华录》通过对宋代历史背景、风土人情、社会习俗的细致描绘，成功地将宋代文化带入现代观众的视野，无论是服饰、建筑、餐饮、茶艺等精美细节，还是剧情中的道德伦理和社会风尚，都呈现出一种跨越时空的文化对话。本文基于媒介文化理论，分析电视剧《梦华录》在文化表达中的创新与突破，探究其如何做到将中华传统文化融入电视剧创作中并且深受大众欢迎，并进一步探讨在全球化背景下，《梦华录》的成功为提升中华优秀传统文化国际影响力带来的启示，从而推动中国古装剧的再发展和中华传统文化的再挖掘、再创造，向世界传递中国声音，讲好中国故事。

关键词： 费斯克理论；文化传播；媒介文化；中华传统文化

1　绪论

1.1　选题背景

2022年6月2日电视剧《梦华录》于腾讯视频首播，吸引了大量观众的关注和追捧，话题热度不断攀升。6月12日晚，电视剧《梦华录》在官微宣布该剧开播10天播放量突破15亿。全剧播出的一个月里，收视率与关注度在网络平台始终位居前列，热度口碑双在线，成为名副其实的国产剧“现象级”爆

作者简介：丁熙桐，女，辽宁鞍山人，同济大学艺术与传媒学院2022级硕士研究生，主要研究方向为影视创作与理论研究。

款。令人们津津乐道的不仅有男女主角的精湛演技、赏心悦目的服装布景、自然合理的剧情故事，还有扑面而来、沁人心脾的古典文化氛围感。这种氛围感的营造牢牢立足于中华传统文化的深厚底蕴，把中华传统的诗词、礼乐、服装、茶艺等文化元素融贯其中，一帧帧展现出北宋钱塘、东京的生活状态，润物于无声，动人于无形，令观众心向往之。这部电视剧对于古装剧迷来说可谓久旱逢甘霖，更有大批观众将这部剧誉为“古偶之光”。能够如此深受大众认同和喜爱的电视剧并不多见，能够如此深刻地唤起人们文化自信的电视剧更是少见。

党的十八大以来，习近平总书记高度重视我国国际传播能力建设。2021 年 5 月 31 日，习近平总书记在主持十九届中央政治局第三十次集体学习时强调，讲好中国故事，传播好中国声音。中国是有五千多年灿烂文明的国家，有着悠久的历史、独特的文化魅力，要讲好中国故事，就要讲好中华优秀传统文化故事，就要推动具有中国特色、蕴藏中国智慧的文艺精品、文化成果走向国际。电视剧《梦华录》作为一部文艺精品起到了很好的文化传播作用，值得我们去研究、去借鉴。

1.2 研究目的

电视剧艺术作为一种视觉化媒介，影响着人们对国家、民族以及自身的认知。中国是拥有千年灿烂文明历史的大国，中国古装电视剧艺术承担着传承优秀文化的使命，以真实的历史时代为背景，还原史实的同时结合艺术创作增添美感，提升观众的沉浸性体验，是当今古装电视剧创作努力的方向。比如《梦华录》的故事背景为北宋时期，剧中对北宋的礼乐诗词、文化习俗以及社会风气等进行了深度展示，通过镜头调度烘托出全剧清润生香的氛围感，给予观众良好的视觉体验。本文旨在为讲好中华传统文化故事提供参鉴，探究《梦华录》是如何将中华传统文化融入电视剧创作，使得观众乐于接受从而产生文化认同，达到讲好中国故事的效果，对今后古装电视剧制作、中华传统文化传播起到启示作用的。

1.3 研究意义

1.3.1 理论价值

本文从约翰·费斯克（John Fiske）的媒介文化理论视角，解释电视剧

《梦华录》中的中华传统文化的表达过程和受众的接受过程。在媒介文本研究方面，约翰·费斯克从消费社会的角度来定义媒介文本，认为电视文本是具有开放性的，是“生产者式”文本，受众是具有选择权力的，受众在解读电视文本时是主动的、双向的，可以通过自身的主动性和创造力去产生各种不同的解读。在电视剧作品中展现中华传统文化，其媒介文本内容的生产者是电视剧从业者，而不是传统文化的传承者，传统文化的传承者提供传统文化本身的传播信息，而电视剧从业者需要决定传统文化在剧中的生产内容。从理论应用角度来说，本文也具有一定的延展性。

1.3.2 现实价值

随着媒介全球化进程，文化传播与交流的范围更加广阔、速度更加快，我国文化创意产业也不免受到西方话语的影响，输出的内容存在价值观偏颇、文化导向错误等现象，影视作品质量良莠不齐。文化作为软实力的重要因素，可以作为提升国家凝聚力的内驱力，同时对外能够提升国家在国际上的辐射力与吸引力，提升国际话语权。中华民族伟大复兴需要以中华文化发展繁荣为条件，当代电视剧艺术也需要以中华优秀文化为创作源泉，进行创新性发展，唤醒国人的文化自信。《梦华录》的热播兴起了“大宋文化复兴”，提高了大众对于宋代文化的关注度和喜爱度，探究其受欢迎背后的内在机理，观众喜闻乐见的原因，对今后的电视剧艺术创作、中华传统文化传播具有重要意义。

1.4 研究理论和研究方法

1.4.1 费斯克媒介文化理论

英国的伯明翰学派被认为是亚文化研究的重要代表，在媒介文化研究领域树立了标杆。其中，约翰·费斯克作为伯明翰学派的核心人物之一，贡献了诸多重要理论。他在媒介文化研究中强调受众的主动性，认为观众不仅是被动的接收者，更是文化意义的积极创造者。费斯克提出了“生产者式文本”的概念，认为受众在消费媒体内容时，可以在自身的多重身份之间游移，自由选择不同的文化场域，并通过不断地占领与迁移来开辟自己的意义空间。在这一理论框架下，我们可以更深入地理解电视剧《梦华录》中的中华传统文化传播。该剧通过丰富的文化符号和叙事策略，不仅向观众展示了宋代的风俗和价值观，更为观众提供了一个互动的平台，使其能够在观看过程中与文本产生共鸣。费斯克的媒介文本观强调文化生产和消费之间的动态关系，突出了受众在这一过程中的主动性，这为我们分析《梦华录》的文化传播提供了重要的视角。例如，剧中所展现的传统服饰、建筑及音乐等元素，既是历史的再现，也是当代观众解读传统文化的切入点。观众通过对这些符号的认知与情感共鸣，可以在自己的文化背景中重新定义和构建对传统文化的理解。[1]这种互动不仅增强了文化的传播效果，也促使观众在与文本的互动中，形成个人化的文化认同和意义创造。

1.4.2 符号学分析方法

符号学分析方法的创始人是瑞士语言学家弗迪南·德·索绪尔（Ferdinand de Saussure），他将语言看作独立的系统，将语言视为符号。在索绪尔看来，符号本身包含了“能指”和“所指”，能指表现出的是符号的物质形式，可以是图像或者声音，而从这些图像和声音引出联想到的某种概念，则是所指。索绪尔认为，研究符号的关键在于理解这些符号之间的关系及其共同构建的意义，即整个符号系统的运作方式。这一研究方法对研究电视剧《梦华录》中出现的多种传统文化元素符号起到指导作用。符号学分析法能够帮助我们解读电视剧《梦华录》中丰富的传统文化元素。该剧通过一系列符号（如服饰、建筑、音乐和语言）传递了深厚的文化内涵，这些符号不仅具有其表面上的能指形式，更蕴含着丰富的历史和文化象征。例如，剧中所呈现的宋代服饰，不仅是角色身份和社会地位的体现，更承载着当时的审美观念和文化价值。因此，符号学分析能够深入挖掘《梦华录》中的文化传播机制，揭示这些符号如何相互作用，共同构建出丰富的文化叙事，从而有效地传播中华传统文化，促进观众对其深层含义的理解与认同。通过这种分析，我们可以更全面地理解该剧在当代文化语境中的重要性及其影响力。

2 “生产者式”解读电视剧《梦华录》

费斯克认为媒介文本是“生产者式文本”，受众是具有选择权的，不同于“读者式文本”和“作者式文本”。其中“读者式文本”倾向于将文本作为既成的概念，读者在阅读时是被动地接受信息，“作者式文本”往往有一定难度，往往需要读者达到与作者相近的专业水平，才能在阅读中生成意义。[2]“生产者式文本”需要具备两个特征：一是能够生产和制造意义与快乐；二是能够与大众的社会生活相结合，被大众消费者解读。[3]大众读者对文本进行开放式解读，通过文本分析判断一个文本的大众潜能，从而进行意义再生产。[4]

2.1 电视剧《梦华录》的“生产者式”特征

电视剧作为一种视听艺术，依靠多种话语模态共同构建意义。这些模态不仅包括图像、表情、声音和文字等多种媒介，还综合运用了听觉、视觉和触觉等感官，使得观众能够通过不同的感受来理解和体验故事的内涵。

例如，在剧中有一幕，赵盼儿、宋引章和孙三娘三位女主角在茶铺中闲聊。此时，三人各自忙碌，盼儿在细心侍弄香墩，引章则一边调试琵琶，一边插花，而三娘则在专心收拾食材。这个短暂的场景，表面上看似平常，实则蕴含着丰富的文化元素与人物性格。通过这一细节，观众能够迅速解读出三位女主角的个性特征：赵盼儿的细腻与专注，宋引章的才华与优雅，以及孙三娘的务实与坚韧。该场景还展示了“雅事”和“俗事”的并存。弹琵琶、焚香、插花等行为代表着文化的优雅，而择菜做饭则体现了生活的真实。这种对比不仅塑造了个性鲜活的宋代市井女性形象，也让观众感受到一种雅俗共存的文化氛围。这种氛围为整部剧的叙事增添了深度，使得观众在欣赏表演的同时，也能够感受到古代女性生活的多样性。此外，《梦华录》通过展现鳞次栉比的古建筑、灯火通明的街道，以及车水马龙的热闹场景，成功营造了繁华的东京城。这些视觉元素不仅仅是背景，更是对宋代生活热闹喧嚣的真实再现，增强了故事的代入感。观众在观看的过程中，仿佛置身于那个历史悠久的时代，感受到了当时社会的繁荣与多彩。

除此以外，剧中的服装、道具和布景的色彩搭配也十分和谐，多采用低饱和度颜色来展现水墨山河、柳青黛眉，或是恬静、或是温暖、或是雅致，让人感受到一种古韵悠然的气息，也传达出了一种内敛而深刻的美感。在构图方面，导演充分考量了画面中各个元素传递的信息，通过元素在画面中所处的位置来体现，比如在画面中占据面积最大的元素往往是最为重点强调的部分，所传达的信息也是较为核心的信息。此外，剧中多处采用对称构图，这种构图手法通常给人以平衡的美感，增强了画面的整体和谐性。在一些关键的场景中，导演还善于运用留白的技巧来传达情感。比如，顾千帆和赵盼儿一起撑着伞走上桥的画面，夕阳余晖打在两人的身上，勾勒出两个人的剪影，画面中只有暖暖的阳光、桥的一部分和两个人的剪影，这种留白不仅增加了画面的神秘感，营造出浪漫唯美的意境，也深深吸引了观众的目光，让观众的想象力得以发挥。

2.2　电视剧《梦华录》与大众社会生活结合

约翰·斯道雷（John Storey）指出："文化研究的民族志与其说是验证一个文本真实意义的方式，毋宁说它是发现人们创造意义的方式。这样的意义是传播并嵌进人民日常生活的活生生的文化之中的意义。"[5] 这一观点深刻揭示了文化研究与日常生活的密切关系，尤其在影视作品的传播中，观众不仅被作品本身吸引，更在潜移默化中被其所传达的文化意义所影响。电视剧《梦华录》的热播便是一个生动的例证，其影响远超单纯的娱乐效果，带动了多条产业链的活跃发展，进而推动了中华传统文化的传播，增进了人们对其的认同。

在旅游业方面，《梦华录》以其如诗如画的江南水乡和"富贵迷人眼"的东京城吸引了大量观众前往剧中取景地游玩，剧中东京城的原型——河南开封，因其历史底蕴和文化景观也成了热门旅游目的地。当地旅游部门意识到这一机会，迅速推出了与《梦华录》相关的旅游导览项目，增加了剧中场景的介绍，让游客可以更好地跟随剧情游玩。在服装业方面，《梦华录》中展现的精美服装和细致的化妆道具也成了观众热议的话题，剧中角色的汉服设计既保留了传统韵味，又融入现代审美，吸引了越来越多的人对汉服文化的关注和喜爱。

餐饮业同样受益于《梦华录》的热播。剧中提到的各种茶饮、果子等传统美食引起了观众的兴趣，茶饮品牌纷纷与《梦华录》联名推出新产品，据了解，喜茶、《梦华录》联名款的销售量在首周就突破了 140 万杯。[6] 其实茶饮品牌和热播剧联名并不是第一次了，品牌方会在饮料杯子上贴上定制的联名杯贴，或是推出杯套、书签、主题店等文化周边。这样的营销创新为品牌带来了新的消费力量，也拓宽了品牌的传播渠道。同时，这些市场消费点也加大了传统文化在人们生活中的渗透程度，有利于提升人们对中华传统文化的认同、对中华民族的认同，树立起对本民族文化的自信。

3 电视剧《梦华录》的文化意义建构

3.1 符号学分析方法

在索绪尔的符号学理论中，只有深入把握能指与所指之间的关系，我们才能全面理解符号的意义及其在文化交流中的作用。让·鲍德里亚（Jean Baudrillard）在他的研究中进一步探讨了日常生活中的物品，强调这些物应被视为一个符号系统。对于鲍德里亚而言，现代社会中琳琅满目的物品不仅仅是其表面的存在，它们更承载了深层的社会意义。通过对这些符号的分析，我们可以揭示出日常生活中隐含的文化价值观和社会结构。[7]电视剧作为一种综合艺术形式，结合了语言符号与多种文化符号，通过导演和编剧的巧妙设计，将这些符号展现给观众，传递丰富的信息和情感。

《梦华录》的热播不仅在国内引发了广泛关注，还激起了对“大宋文化复兴”的讨论。该剧通过对传统文化符号的有效运用和创新改造，展示了宋代文化独特的美学风格，提升了公众对这一历史时期文化的兴趣。宋代文化是中华传统文化的重要组成部分，涵盖了文学、艺术、哲学和社会风气等多个方面，蕴藏着千年灿烂文明的精华。《梦华录》通过其丰富的视觉表现和深刻的情感叙事，使观众得以体验到宋代文化的魅力。这不仅在于剧情的引人入胜，更在于其对细节的考究，如服饰、建筑、音乐和日常生活场景等元素的真实还原。这些文化符号不仅是剧中角色与情节发展的载体，更是对宋代文化内涵的生动再现。深入理解这些符号的初始意义及其所构成的美学风格，是我们进一步探讨符号意义生产和社会作用的基础。电视剧作为一种视觉艺术，通过运用和改造传统文化符号，展现了传统东方美学风格，让观众在欣赏的过程中也能触发对文化的深度思考。[8]剧中所使用的符号系统在文化传播中扮演着重要角色，通过对这些符号的分析，不仅能够理解作品本身的艺术价值，还能进一步揭示其对社会文化的影响。

3.2 剧中的中华文化

文化蕴含着人们的思维模式、生活习惯和价值观等意识形态，深刻影响着个体和群体的行为和选择。它可以通过多种形式呈现，如图像、声音和文字，具体表现为人物的行为举止、故事的背景设定以及叙事的风格和技巧等。这些元素不仅构成了文化作品的基本框架，还反映了特定文化背景下人们的情感与信念，从而塑造了丰富多样的文化体验，使观众能够在其中找到共鸣和认同感。

剧中的政治斗争存在“清流”和“后党”两个党派，体现了宋代理学文化中强调的“尚礼义不尚权谋”思想理念，这也是宋代思想文化中具有标志性的文化思想，在剧中通过多处情节体现了出来。比如在剧中，“后党”一派的代表萧钦言在自己的生日宴会上回绝了他人的阿谀奉承，以表现自己的士大夫风流；“清流”一派的代表人物柯政以左迁之举来向官家表示自己的忠心；高中科举探花的欧阳旭在和状元、榜眼一同面见官家时，表现出对修仙之术颇有研究，想要以此来讨好官家，这一举动在朝堂大臣眼里是败坏风骨、趋炎附势的行为，遭到朝堂之中文官的唾弃；主人公赵盼儿、孙三娘在一路勇闯东京的过程中，她们气度不凡，雅量豁然，几乎在任何时候都有浩然正气；琵琶高手宋引章的精湛琴技令其得到卸任宰相柯政在琵琶上题字“风骨”，从此令所有人都高看一眼。这些都与宋代推崇“魏晋风骨”有很大关系，体现了那个时代的文化精神。虽然理学思想具有一定的时代局限性，但其中的铮铮风骨体现了中华民族一直以来对气节品行的重视，以及背后渗透出的历史使命感和社会责任感，这些文化观念一直传承至今。

除了理学思想，剧中还展现了宋代的士大夫文化和市民文化。士大夫文化也是宋代突出的一个文化特征，剧中赵盼儿经营的“半遮面”茶铺吸引了众多文人士大夫，其中的重要原因就是将“雅致”作为其经营理念，从装饰布置、店铺名称、牌匾设计、茶点名字以及环境氛围都将“雅”字贯穿其中。赵盼儿精心策划的花月宴更是将唐朝的《簪花仕女图》《捣练图》精彩复现，画面唯美、活灵活现，呈现出来的精美服装和道具都经过仔细考究，将中华文化展现得淋漓尽致。相较于理学思想、士大夫文化，市民文化则是市井勾栏里成长起来的、颇具世俗风趣的文化，这部剧对市民文化的刻画也能看出其制作之精心、严谨——每每画面转向东京城的街道，街上络绎不绝的行人、琳琅满目的商品、热闹非凡的勾栏瓦舍，都描绘了一个生动鲜活的东京城。市民文化作为宋代文化的一部分，体现出了宋代文化雅俗共赏的特点，也展现了中华民族“天下大同，美美与共”的文化品格。

3.3 剧中文化符号的隐喻

在电视剧《梦华录》中，“水”作为一个重要的文化符号，深刻地体现了其在中华传统文化中丰富的象征意义。在这一文化语境中，“水”不仅代表了刚柔并济的哲理，还有“滴水穿石”的坚韧与“润物无声”的细腻之美。导演巧妙地利用这一元素，从江南的水路到小桥流水，从天街细雨到倾盆大雨，营造出各种氛围。

“水”往往带给观众一种柔和而清透的感觉。例如，赵盼儿所经营的茶铺就坐落在湖畔，顾客可以在这里悠闲地品茶，远眺湖面上波光粼粼的美景。这种环境不仅增添了茶铺的雅致，也让观众感受到江南水乡的独特韵味。孙三娘首次出场时正是在溪水旁劳作，水流潺潺的声音与她的勤奋形象形成鲜明对比，营造出一种宁静而和谐的氛围。同时，赵盼儿和顾千帆在河上泛舟互诉心声的场景，更是将“水”的温柔与情感交织在一起，为他们的爱情增添了浪漫的色彩。这些场景不仅在审美上给观众带来了愉悦的体验，同时在剧情发展中也起到了推动作用。

“水”作为文化符号在剧中也起到了塑造女性形象的作用。三姐妹最初经营的“赵氏茶铺”在一场暴雨中被摧毁，这一场暴雨也隐喻着磨难与挫折，但三姐妹没有被这场暴雨击倒，而是顽强地主动参与修缮河道、从头再来经营酒楼，也因此她们磨炼了意志而走向成熟，最终成长为东京最大酒楼的掌柜。“水”在这一过程中作为隐喻的符号，让抽象的意志品质得到了具体而生动的表达。水的流动与变化，恰如她们在风雨中的成长，体现了女性的多样性和复杂性，展示了她们不仅可以柔美，也能够在面对困难时展现出坚韧的力量。

通过这些生动的场景与隐喻，剧中的“水”不仅仅是一个自然元素，更是承载着情感、象征着坚韧的文化符号，不仅丰富了剧集的视觉与情感层次，也为角色的发展与故事的推进提供了深刻的象征意义。观众不仅能欣赏到美丽的画面，还能在潜意识中感受到中华传统文化中对水的哲学思考与情感寄托。

4 电视剧《梦华录》的意识形态解读

对于符号学分析方法来说，意识形态是将象征性物质载体还原为一种抽象形式的过程。鲍德里亚认为，符号的价值以符号的能指为基础，对符号价值的追求事实上是基于对能指的崇拜。[9]这种思想演化成了“能指拜物教”，是一种可以贯穿于符号生产过程中的意识形态，将“符号”与“物”联系了起来。电视作为视听艺术，对于意识形态的表达综合了多种符号，包含图像符号、声音符号以及文字符号等。对电视剧《梦华录》中的多种符号进行分析，解读符号中的意识形态，是挖掘其传播中华传统文化内在机理的有效方式。

4.1 图像符号

图像在影视作品中不仅可以直观地交代时空背景，还能够展现剧情发展、人物性格特征，对语言表达进行强有力补充，这种视觉叙事的方式让观众能够更深刻地理解角色及其所处的环境。在电视剧《梦华录》中，图像符号运用得淋漓尽致。

剧中，当女主角赵盼儿首次出场时，画面展现了她撑着一支船篙，慢慢划入观众视野的过程。她身着白色素净的衣衫，轻轻抬起手臂拂去额头的汗珠，这一系列细腻的动作不仅描绘了她的外在形象，透过这些轻松自如的姿态，观众也能感受到她的勤劳与坚韧。在江南小桥流水的优美背景下，赵盼儿缓缓登场，随即进入自己的茶铺，娴熟地忙碌着。短短几个镜头，不仅交代了故事的背景，更展现了她蕙质兰心、勤劳麻利的个性特点。再比如，剧中赵盼儿、宋引章、孙三娘三人一路颠簸从钱塘来到东京，当她们首次目睹东京繁华的夜市时，镜头通过展现错落有致的建筑物和璀璨夺目的烟火，将东京的“富贵迷人眼”生动地呈现在观众面前。此外，剧中男女主角在前期相处的情节中，多次使用“屏风”这一道具，巧妙地营造了朦胧而婉转的美感。在屏风的映衬下，男女主角的互动显得更加微妙，情感交流也愈发细腻与复杂，彼此间充满了含蓄与保留，这不仅反映了角色之间的心理状态，也让观众感受到一种古典而优雅的氛围。屏风不仅是一种物理上的障碍，更象征了两人在相处过程中的隔阂与内心的挣扎，增添了情节的张力。

4.2 声音符号

声音在影视作品中的作用不可小觑，它不仅能够丰富故事的层次感，还能在情感表达上起到锦上添花的效果，有效地营造出特定的氛围，烘托人物情绪，甚至可以深深触动观众的内心。

剧中在展现江南水乡时，背景音乐通过多重叠加，呈现出富有层次感的听觉效果，既有潺潺的水声、轻柔的风声，也有琵琶乐和市井喧嚣声的交织，营造了一种浓厚的北宋时期市井生活氛围，将观众带入充满活力与人情味的日常场景之中。再例如，剧中有一段情节，赵盼儿、顾千帆和池衙内一起走在街道上，此处的声音主要为人物之间的对话，背景中隐约传来纷争的口角声和市井叫卖声，展现了北宋时代街市贩夫走卒的生活状态，百姓自食其力、努力生活的真实面貌，让观众感受到强烈的烟火气息。此外，剧中钱塘的第一琵琶手宋引章更是通过音乐展现了她的才华与魅力。她在茶坊中弹奏琵琶，曲调时而激情澎湃，时而细腻婉转，将内心情感和生活遭遇通过音符传递，深深吸引了众多听众。在一场特别的演出中，宋引章与东京的花魁娘子同台演出，音乐成为她们之间沟通的桥梁，让两人在瞬间相知相惜，随着最后一个音符的落下，两人眼中闪烁着对彼此的认同与赞赏，仿佛是知音相遇。声音的巧妙运用不仅使得故事情节更加生动，也为角色的情感表达提供了有力支持，让观众沉浸在北宋文化的独特魅力之中。

4.3 文字符号

在电视剧中，文字符号通常主要由字幕承担，但《梦华录》在这方面展现了独特的艺术视角，通过巧妙结合书画作品、传统物件、诗词曲谱等多种元素，实现了对传统文化的深刻展现。

剧中，赵盼儿作为钱塘数一数二的点茶高手，其经营的茶铺不仅生意兴隆，更吸引了众多文人雅士的光临。这不仅是因为她的茶艺高超，更是因为她爱好收集名画，对文化艺术具有深刻理解与热爱。在茶坊中，观众可以看到北宋范宽的《溪山行旅图》和五代徐熙的《雪竹图》悬挂在墙上。这两幅画都是传世名作，《溪山行旅图》以巍峨雄伟的山峰与奔流不息的流水展现了大自然的壮丽，给人以视觉上的震撼，而《雪竹图》则描绘了江南雪后苍劲挺拔的竹子，传递出一种生机勃勃、朝气盎然的意境。这些画作不仅是背景的点缀，更是角色内心情感与文化品位的直接体现。此外，剧中频繁提及的名家名作，进一步增强了对传统文化的呼应与传承。例如，赵盼儿曾提到要用黄居寀的《竹石锦鸠图》和关仝的《山溪待渡图》来换取《鹤竹图》，体现出她对艺术品的珍视和深入了解。黄居寀与关仝都是画史上具有重要地位的人物，他们的山水画作不仅在宋代备受推崇，更影响了后世的艺术发展。在这样的文化背景下，赵盼儿的角色形象愈发鲜活，她不仅是一个茶铺的掌柜，更是文化艺术的传播者。每一幅名画的出现，都是对时代精神的呼应、对文化传承的致敬，营造出浓厚的古典气息，令人仿佛穿越时空，置身于那个文化繁荣的历史阶段。

5　电视剧《梦华录》的文化传播效果现状

古装电视剧《梦华录》自2022年6月在腾讯视频开播以来，口碑一路上涨，播放量十分可观，关于这部电视剧的剧情、演技、创作团队等的话题频频登上微博热搜，可谓“叫座又叫好”。近年来，古装剧出现故事剧情和创作模式上同质化严重的现象，以及演员形象与角色不符、剧情不合理、过分应用美颜和抠图等问题。《梦华录》在制作上有意避开了以往古装剧存在的问题，也自然而然得到了观众的认可和好评。

5.1　电视剧《梦华录》中的互动效果

电视文本与大众社会生活结合能够体现话语体系中的人际功能，考查的是文本与大众之间的关系。影视作品可以通过多种方式与观众互动，比如运用主观镜头来增强观众代入感；通过调整景别来带给观众不同的体验，一般来说特写、近景会比远景让观看者感觉更为亲密，更容易产生代入感，而远景会让观看者认为所呈现的画面较为客观；以及可以通过调整拍摄视角来传达不同的态度；等等。

电视剧《梦华录》中，在剧集的结尾不定期有剧中的人物陈廉化身科普小百科，生动有趣地为观众普及文化常识，比如茶百戏、古代的“外卖”、《清明上河图》中的商业气息、古时的星座运势等，将传统文化对照今天的发展进行介绍，通过手势、眼神、语言用词等与观众进行交流互动，自然而然地拉近了与观众的距离，同时科普了中华传统文化，增强了观众对宋代文化的了解。

5.2　电视剧《梦华录》的国内反响

在电视剧《梦华录》的大结局点映礼之后，专业数据机构公布了该剧的收官数据，“灯塔专业版”在微博官方账号称：“上线播出 25 天成绩，18 次登上网剧正片播放市占日榜第一，2022 年网剧正片播放指数第五，2022 年新剧单日正片播放市占第二，2022 年新剧单日舆情热度第二。”从播放量上来看，该剧吸引了大量观众的关注和追捧，在短时间内积累了超高人气，并且在播出期间，有超过百家媒体对该剧进行了报道，包括央级媒体和众多省级媒体。由此可见观众对于这部剧的喜爱，以及该剧在文化传播中的重要地位和广泛关注度。在社交媒体上，关于该剧的讨论热烈，数十万微博网友积极参与话题互动，讨论内容不仅涉及电视剧的制作质量，还深入探讨了传统文化和非遗文化，形成了一个涵盖文化、艺术与娱乐的多元话题，最终促成了剧集在口碑和讨论度上的双重成功。

在观众反馈方面，该剧豆瓣评分开分 8.3 分，一度飙升至 8.8 分，好评体现在如下几个方面：演员以精湛的演技，成功塑造了个性鲜明、形象饱满的角色；全剧制作精良，服化道充满古代情志意趣，精准还原了宋代风貌，给观众带来视觉享受；三位女性主角展现了女性之间的互助情谊，以及在困境中自立自强、努力拼搏的精神，契合当今社会对于女性独立自主的价值追求。

《梦华录》之所以能够取得如此可观的传播效果，与剧组的精心制作密不可分。剧组在筹备拍摄期间，特别重视对中华传统非遗文化的真实再现。例如，在涉及“茶百戏”的桥段时，剧组特意请来了这一非遗文化的传承人，为全剧组成员进行专业的培训和讲解，包括茶艺技巧，还有茶文化背后深厚历史和文化意义，以确保在剧中能够完美复刻中国茶文化的独特韵味和艺术形式。这种对细节的严格把控，使得剧中的每一场茶艺表演都充满了生动的感染力。因此该剧播出后，这些关于中国茶文化的精美画面赢得了观众的高度赞赏，许多人纷纷在社交平台上分享他们的观感与思考，表达对传统文化的欣赏和对剧中表现的深刻理解，并且对电视剧制作团队努力表示肯定，认为这部作品不仅是一部娱乐作品，更是一场文化盛宴。

5.3 电视剧《梦华录》的海外传播

电视剧《梦华录》成功走出了国门，被翻译成英语、泰语、韩语、西班牙语等多种语言在海外传播，向全球观众输出中华传统文化、中国话语、中国的审美与智慧。《梦华录》的成功不仅体现在收视率上，更在于它所传递的深厚文化内涵。许多外国观众通过《梦华录》的故事立意，逐渐对宋代文化有了全新的认识，他们被剧中典雅的古风古韵深深吸引，惊叹于其中蕴含的传统美学与人文情怀。这种文化的接触使他们感受到中华传统文化的独特魅力，并为中外文化的交流搭建了一座桥梁。女主角赵盼儿赢得了海外观众的广泛赞誉，许多人认为，赵盼儿的角色塑造深具层次和细腻，其足智多谋和坚韧不拔的精神展现了女性的智慧与力量，为女性角色在全球文化语境中注入了新的生命力。

在全球化背景下，电视剧《梦华录》作为一部融合传统文化元素的作品，在跨文化传播过程中面临着诸多挑战与机遇。剧中的传统节令、风俗习惯、历史背景等，在国际传播中可能遇到文化差异带来的理解障碍，外国观众可能无法完全欣赏其内在的文化价值，甚至对剧中的一些文化符号产生误解。当前，全球影视市场竞争异常激烈，尤其是在网络视频平台的推动下，全球观众的选择更加多元，如何让《梦华录》在如此竞争激烈的市场中脱颖而出，并充分展现中华传统文化的魅力，成为一大挑战。对于《梦华录》来说，创新传播首先是在翻译和本地化内容制作方面下功夫，例如，针对剧中涉及的传统节令与民俗，可以通过附加信息或互动式内容，使海外观众能够更好地理解，也可以通过制作与剧情相关的文化解读短片或纪录片，进一步提升观众对中华文化的认知。其次，利用社交媒体与全球粉丝互动，定期发布与剧集相关的幕后花絮、文化解析视频、演员访谈等内容，吸引观众关注，并通过互动增强观众对中华传统文化的兴趣和认同感。最后，在通过影视作品提升中华传统文化的国际影响力的过程中，注重视觉与情感共鸣的创作，营造出符合国际观众审美的画面效果，提升文化传播的亲和力。同时，塑造具有国际共鸣的情感表达，如家国情怀、亲情与爱情的真挚情感，以跨越语言与文化的障碍，引发全球观众的情感共鸣。

在全球化的今天，像《梦华录》这样成功的文化输出为全球观众提供了一个更全面、更深刻的理解中国的窗口，越来越多的人愿意了解与接纳中国的历史与文化，中华文化的魅力也在更广阔的舞台上得到体现，为国际社会对中国文化的理解和尊重奠定了基础，也为全球文化多样性作出了贡献。

6 结论与启示

电视剧作为一种大众喜闻乐见的艺术形式，虽然起源于现代社会，却与古代传统文化有着密切的联系。这种联系使得电视剧能够更有效地将中华传统文化元素编织入中国故事，从而形成传统文化与电视艺术的有机融合。特别是在古装电视剧的创作中，创作者需要对故事背景中的文化习俗、市井生活和古代美学进行严谨的考量。这不仅是对电视剧这一艺术形式潜能的挖掘与创新，也是对中华传统文化的传承与发扬。

《梦华录》的成功，启示着电视剧从业者在古装剧创作中应将弘扬传统文化纳入创作考量的范畴。首先，在剧本编写阶段，尊重历史真相至关重要。这意味着对情节中所涉及的文化习俗需进行严谨考证，以确保剧情与历史背景的准确性和可信性。这种对历史的尊重，不仅为观众提供了更真实的文化体验，也增强了作品的文化深度和厚度，使其在众多作品中脱颖而出。其次，在演员选角方面，应综合考量演技和外在形象，演员需要能够通过表演将角色与观众之间的情感桥梁建立起来，实现角色的生动性与真实感。再次，在服装、化妆及道具的设计上，电视剧创作者需要致力于和谐统一，并充分尊重观众的审美需求。服装与道具不仅是视觉元素，更是传递文化的重要载体，严谨的考究与设计能够使得每一个细节都散发出浓厚的历史气息，增强观众的沉浸感与体验感。通过这样的努力，观众不仅能看到一个完整的故事，更能在其中感受到中华传统文化的深厚底蕴。最后，在宣传营销方面，探索新渠道与新方法，对于优质作品进行及时的海外输出，能够帮助中华文化走向更广阔的国际舞台。有效的营销策略不仅能提升作品的知名度，还能吸引更多国际观众关注中华文化，形成文化的双向交流与碰撞。

古装剧的再发展和中华优秀传统文化的再挖掘与再创造，不仅有助于树立国人的文化自信，也为中华文化走向世界舞台、让世界看见中国智慧提供了机会。同时，这也启示各行各业加快构建中国话语和中国叙事体系，用中国理论阐释中国实践，以更鲜明准确的方式讲述中国故事，传播中国声音。

参考文献

[1] 叶向群，汪凯．电视文化的乐观主义解读——论约翰·费斯克的电视理论［J］．中国广播电视学刊，2010，(3)：24-25.

[2] 李岩，纪盈如．网络文本的“生产者式”解读——基于费斯克的大众文化研究视角［J］．当代传播，2013，(5)：22-25.

[3] 张潇扬．“生产者式”电视文本的现代性解读——基于约翰·费斯克的媒介文化研究视角［J］．当代传播，2014（4）：23-25.
[4] 陈立旭．大众文化与日常生活——基于费斯克“相关性标准”之考察［J］．中共浙江省委党校学报，2010，26（4）：37-44. DOI：10.15944/j.cnki.33-1010/d.2010.04.015.
[5] 约翰·斯道雷．文化研究：一种学术实践的政治，一种作为政治的学术实践［M］// 陶东风．文化研究精粹读本．和磊，译．北京：中国人民大学出版社：2006.
[6] 孟刚．谁能成为消费者手中的那一杯？［N］．中国消费者报，2022-11-25（3）.
[7] 杨建刚．批判理论的符号学拓展——鲍德里亚学术研究中的符号学方法［J］．文艺理论研究，2017，37（5）：140-151.
[8] 谢妮，陶荣婷．中国动画如何使传统文化可见可达可感——基于费斯克传播符号学视角［J］．中国广播电视学刊，2024（7）：82-85.

探索基于交旅融合背景下的历史游径演变研究
——以山西省五台山历史游径为例

徐睿铌

摘　要：本文以山西省五台山历史游径为研究对象，探讨了在交旅融合背景下五台山历史游径的演变。通过对五台山整体格局的演变、宗教游台活动的历史演变，以及台怀镇游径的历史演变进行详细分析，揭示五台山游径随时代变迁的特点及其背后的社会、文化和宗教动因。五台山的寺庙发展与社会背景、宗教信仰、政治及文化紧密相关，其整体格局演变经历了起始、发展鼎盛至衰落与现状几个阶段。同时，本文分析了五台山宗教游台活动的历史演变，包括五台的代表意义变化、巡台活动的起源与发展，以及历代游径的比较研究。研究还特别关注了台怀镇宗教游台活动的历史演变，分析了台怀镇格局的历史演变和历代游径的变化。研究表明，五台山历史游径的演变不仅是中国佛教文化传播与发展的一个缩影，也为当今文化遗产的保护与合理利用提供了宝贵的参考。

关键词：五台山；交旅融合；历史游径；演变

作者简介：徐睿铌，女，江苏江阴人，同济大学建筑与城市规划学院建筑学专业2023级硕士研究生，主要研究方向为中国传统建筑。

1 引言

五台山作为佛教文化的重要圣地，其寺庙建筑群的发展历程跨越了自公元 1 世纪至 20 世纪的漫长岁月，见证了佛教建筑的兴衰与社会历史的变迁。作为文殊菩萨道场的五台山，一直扮演着宗教信仰中心和文化交流枢纽的角色，吸引了无数信徒前来朝圣巡礼。这些巡礼路线所涉及的寺庙建筑群已经历经数百年的发展。尽管当代的巡礼活动已逐渐淡化了宗教色彩，转变为以探访佛寺建筑和欣赏自然风光为主的旅游形式，但这些活动的路线选择依然与历史上的巡礼路径密切相关，而非全新创造。因此，对五台山历史游径的考证与分析，对于理解现代旅游路径设计至关重要。本研究旨在探讨交旅融合背景下，五台山历史游径的演变及其对当代旅游体验的影响。通过深入分析五台山游径的演变机制，揭示文化遗产与旅游发展的互动关系，力求为未来旅游规划提供历史依据和文化洞察。

2 五台山整体格局的演变情况

五台山的寺庙发展脉络较为清晰，得益于莫高窟与众多描绘五台山的宗教画作、历代舆图，配合历代信徒文人所作的游记，可以大致推理出历代五台山的基本格局与寺庙位置关系。总体来看，五台山的整体格局演变可划分几个关键阶段，每阶段都与当时社会背景、宗教信仰、政治及文化等因素紧密关联。

2.1 初创与起步阶段

根据五台山的官方介绍，五台山的最早寺庙出现在汉代。五台山最早的志书《清凉传》中记载了汉代五台山由道转佛，开始出现寺庙[1]，也即“大孚灵鹫寺”，一座可以与当时洛阳白马寺相提并论的大寺庙。但如此大的寺庙在佛教传入中国的早期就存在，但不见于其他史料之中，其存在与否值得考虑，联系到后世多次佛道斗法对相应宗教历史文献的影响，这一段记载应被视为后世的附会与对五台山地位的拔高。如果只考虑可靠、时间较早的传世文献，则可以看到北魏时期的史料明确记载了五台山的寺庙扩张，同时五台山诸多早期佛教遗迹都以洞窟寺为主，与北朝佛教在多地的遗留痕迹相符，因此可以断定五台山最早出现佛教建筑的时间应不早于汉末，不晚于北魏初期。同时《清凉传》中佛教宗教人士居于“石盆洞”的记载，无疑是暗示象征佛教山岳文化与修道宫观的融合，从而奠定五台山作为北方佛教名山地位。但至少到北魏、北齐时期，五台山寺庙数量已经相当可观，同时在当时皇室的大力支持下，五台山寺庙的建造活动也无不显示佛教在政治中扮演的角色，如孝文帝扩建灵鹫寺、真容院等，就是五台山在当时北魏国内成为宗教圣地的一种体现。

2.2 发展与鼎盛时期

到唐宋时期，五台山寺庙群进一步发展。这一时期将五台山视作文殊菩萨的座山的来源佛经被翻译出来，使得五台山的各种宗教活动无比兴盛，吸引各方信徒的到访。礼拜人数的增多使得宗教空间逐渐扩张，众多佛寺都演变出了独特的空间格局，寺庙与自然山水巧妙融合。此时广义上的五台山寺庙群是包含了一系列普通院与大寺院的庞大体系，由山内山外的大型寺院与一系列游径中的普通院、兰若组成，而有着五座台顶的台怀镇佛寺群只是其中的一部分。五台山寺院的快速扩张与兴盛使得其成为当时各地信众乃至西域、天竺僧人心中的宗教圣地。这一时期皇家与五台山的互动也明显增多，例如武则天在台顶设立了五座铁塔、与宋太宗年号相同的“太平兴国寺”以及华严寺真容院中的“仁宗皇帝御笔飞白‘宝章阁’”[2]，这些无一不说明了在佛教兴盛的背景下，政治因素的介入加速了五台山的兴起过程。

到了元明清时期，寺庙群发展进一步加速，同时藏传佛教的加入使得五台山出现了青黄寺庙并立的局面。这种情况的出现一方面是因为文殊信仰在两教中都有着特殊的地位，另一方面则是因为八思巴、元朝皇室以及清朝皇室的影响。明清时期，五台山僧人以台怀镇为核心开始加速建造小型寺庙，寺庙群的分布已经从“十大寺”体系彻底拆解成了多个地块上的寺庙群组。清朝皇帝更是以文殊菩萨化身自居，对五台山也格外关照，多次进行巡台活动，在五台山修建行宫，资助寺庙发展。这一时期朝圣活动密集，使得五台山的寺庙建设与宗教活动处于鼎盛状态。

2.3 衰落与保护现状

到了民国时期，科学之风的盛行使得五台山的寺庙群发展陷入了停滞。在之后的抗日战争时期，五台山因其独特的地理位置使得寺庙群多被日军占据，成为晋察冀边区与日军抗争的前线，五台山因而遭到了不小的毁坏。同时朝圣活动不断减少，宗教热忱减退，五台山陷入了衰落的境地。

现在，五台山寺庙群整体保持了原有的宏观格局与大部分建筑，但与其他文保单位一样面临着商业化开发的威胁，台怀镇位于五台山的核心区域，这里的文物建筑受到的威胁尤其严重。周边旅游服务设施的不当建设，影响了历史环境和宗教氛围，使得五台山世界遗产保护区的完整性受到影响。不断的物流运输车流与游客的进出车流使得省道，也即五台山主要的进山道路承受了极大的车流量与人流量压力；同时不断发展的住宿需求和商业活动使得五台山的建筑风貌发生了极大改变。因此，对于五台山游台活动的梳理与总结能为五台山寺庙群的历史沿革提供有力的旁证，也能为现代游径的重新开发提供一种新的视角。

3 五台山宗教游台活动的历史演变

五台山最出名的就是五座“有如垒土之台”的山峰，五台的代表意义自古以来并不是不变的，就像五台所代表的五座山峰的地理位置也经历过改变。现在普遍认可的五座台顶代表的是：东台供聪明文殊、南台供智慧文殊、西台供狮子吼文殊、北台供无垢文殊、中台供孺童文殊；而藏传佛教代表人物八思巴来到五台山时，对于五台代表之佛有了新的解释：五台山是金刚界五方佛显现的佛教圣地，五台分别代表了大日如来、阿门众佛、宝生佛、阿弥陀佛、不空成就[2]，同时五台山的五台位置在唐朝早期也经历过改变。但不论五台所代表的佛教意象如何改变，五座台顶都是历代佛教徒来此朝圣的目的地，而如何进行朝台旅行也是历代信徒所着重考虑的游径规划的一部分。

3.1 巡台活动的历史演变

五台山有传世文献记载的巡台活动最早开始于唐朝。入唐僧圆仁在进入五台山的第一天就记载他在解脱普通院处遇到了：“巡礼五台山送供人僧尼女人共一百余人同在院宿。”[3] 可以看出，这一时期山外来的信众对巡礼五台颇为热衷，组织的方式甚至有一点现代旅游团的性质。而到达五台山后的圆仁也对五台进行了巡礼。根据圆仁与唐末普仁大师的巡台路线，可以简单梳理出唐朝时期的巡礼路线主要是“中—西—中—北—东—南（台）”。此时的巡台路线并不强调方向与含义，人们更关注的是五台的地理位置与环境。中台位于当时信徒们普遍选择下榻的华严寺附近，同时中台上龙池龙宫的建设与台顶建筑被附会以特殊的佛教意义，使得中台的地位超越了其他四台；而中台并不算太高的地理条件也使得人们选择先攀登中台，而不是位于五台中心、海拔高度最高的北台。经过朝礼信徒们的相互传播与信仰所驱，到了晚唐与五代时期，敦煌地区的僧人们把去往五台山朝圣视作是一项重要的巡礼活动，敦煌地区的文书中因此留下了多份巡礼五台山的启文与赞诗。而路途的遥远为这些僧人信众的巡礼活动增添了不小的困难。因此在莫高窟 61 窟就可以看到被描绘出来的一座虚拟五台山：窟中央是一座文殊像，其背后是一幅五台山图。文殊像恰好遮盖住了五台山图中的五台部分，使得来到此地的信众僧侣能够在文殊的庇佑之下游历“五台山”。而在五台壁画中最显眼的就是中台与其下的灵鹫峰，虽然其他四台也有在画中体现，但被放置在画面正中对称轴上的中台显然有着超乎其他四台的地位，这也符合了巡台前期信众们多选择中台进行巡台起点的游径规划。图像为了突出中台的重要性甚至扭曲了五台山的地理信息，将寺庙平均地设置在中台两边。61 窟壁画中凸显的巡台路线对于当时不能达到五台山的信众来说，显然就是由当时最受欢迎的巡台游径改编而来。

宋朝时期，有许多入宋僧受到天台宗和宗教赎罪思想的影响，更加重视五台山的巡台活动。[4] 这一时期以私人身份来到五台山的奝然的巡台路线就有了较大的改变，此时的巡台重点不再围绕某一座特定台顶开展，而是对于五座台顶分开巡礼。从奝然的游径以及后人的推测文章[5] 来看，其游台的具体顺序为：东—北—中—西（台），之后回到台怀镇，在礼拜清凉寺和竹林寺后游览了南台。这一顺序可以很清晰地表明此时绕台路线的大致模样。五台由于其地理位置上的分割，显然是被分为两组进行游览。这一点也被之后的明清游客们所继承。他们不太考虑五座台顶所代表的佛教意象，而是更多地考虑其游径所经过的环境与地理位置，最重要的是巡台的完整性。

在宋之后有完整游台路径记载的信徒中，晚清的佛教居士高鹤年就是一位。他的游台路径选择为“东—北—中—西—南（台）”，可以看出这一条路线与推测的日本僧人奝然入宋求法的路线基本相同，区别仅是奝然前往南台时从台怀出发经过金阁寺与清凉寺，而高鹤年则直接通过西台与南台之间的金阁岭前往南台，在离开南台的路途中才去礼拜了金阁寺。可以看出宋代以后信徒游台的这一路线的选择与现在的“大朝台”路线仅仅是前者是逆时针后者是顺时针的方向的区别。此时开始的巡台活动并不以某座台顶为重心，而是追求完整的不走重复路线地走完五座台顶的游径。

民国时期留下的记载中缺乏完整朝台的记载，基本都只是对单个台顶的游览巡礼。此时除了十分虔诚的信徒基本没有人会去规划涉及完整巡台活动的一条游径。

需要指出的是，五台山海拔和气候的特殊性使得在秋冬季进行完整朝台变得不太可能，因此在古代，部分十二月来到五台山的信徒只能游访其中海拔较低的一个台或是只在台怀镇进行巡礼，如同另一位日本僧人成寻在他十二月二日的游记中写道：“五顶有雪，此度不拜，明年遂可行礼。”[6] 而台怀镇上的寺庙也为遇到这一困境的信徒们提供了替代方案：显通寺的铜殿之前设置了五座铁塔代表五座台顶，在这里同样可以进行巡台朝礼。民国时期来这里视察的蒋维乔就记录道：“殿外有五大铜塔，分东西南北中，按合五台。因山中早寒，朝山者不能上台，即礼此五塔，以伸朝台之意。”[7]

3.2 历代游径的比较分析

如果从游径的完整视角来看，如何选择从全国各个地方进入五台的游径路线就是最值得研究的一点。如果将这些游记记载的地点绘制在地图上，就可以看出较多的信徒游人选择从现在的河北保定继而通过龙泉关这一五台山的东大门进入；而到了近代由于铁路的发达，多数人选择了乘坐京汉线与正太线这两趟火车到达太原，再通过汽车或是徒步到达忻县（今忻州市）、定襄、五台县等地跨过滹沱河进入五台山。太原和保定这两座城市的选择，恰恰契合了莫高窟 61 窟五台山图中对想象中进入山中的左右游径端点的描绘，因此也可以看出五台山游径的历史传承从未消失。

当把历代的游径的研究范围集中到五台山及其周边时，就可以在地图上看出唐到宋时期，游径的核心被分为两部分。一部分是围绕北部的西中北东台顶与灵鹫峰附近的大华严寺，另一个核心则是南台与佛光寺地区。从信众们选择的游径来看南台地区似乎独立在外。同时这一时期的信众对于巡台是十分看重的，就算要“寻常着棉袄子”的恶劣天气也不能打消他们的巡台活动。因此这一时期游径记载几乎都会遍览五台。

在明代，游记的记载者大多变为了文人，他们所记载的游径范围就集中在了台怀镇与南台之间，对于游台的兴趣大减；而到清代，可以看出由于康熙乾隆两任皇帝在五台山的游径基本相似，后续的旅人信徒也基本沿袭了这一游径的选择：以台怀镇为中心，向诸台台顶分散。北部的西中北东台顶不再被视作一个整体，而是与各自山脚处的寺庙群相结合，影响游径的选择。这一特点在慈福寺版《五台山圣境全图》（图 1）中也体现得淋漓尽致：最为显眼的道路被绘制在了台怀地区，而通往各台的道路都由台怀出发，蜿蜒曲折。慈福图作为慈福寺的“土特产”，会被分发给来到五台山巡礼的信徒游客，其指引宣传作用也是广泛的，可以说这一游径成为这一时期的一种范式。

图 1　格隆龙住刻《五台山圣境全图》（美国国会图书馆藏 B 本）

由于科学的传播，人们对于宗教的热情逐渐消减，巡台或是巡礼文殊菩萨的传说故事遗迹也不那么重要，游径也集中在了台怀镇周围，这一选择一直延续到了今天。

在这一转变之中所能体现出的游径与文化景观关系也耐人寻味。结合之前整理的游记中的描述，可以很清晰地看出五台山在海拔高度这一维度上可以被分为三个层次：山顶、山腰与山脚区域。人们在这三个区域中所见到的景观是不同的：山顶上由于其开阔的视野与复杂的气候，更多被人们关注的是产生的异象、自然风光与纪念性建筑；山腰处由于自然环境较为良好，人们关注的更多是佛寺建筑艺术与自然景观；而到了山脚这一较为平缓的区域，人们进行的活动更多是与世俗的交往和佛堂中的礼拜活动。如果进一步延伸这些关注的焦点，并与这些游人所记录的游径对照，我们就可以得出这三个区域在游径中起到的作用：山顶成为游径端点与视觉端点的重要位置；山腰作为游径中重要连接点与自然赏景之处；山脚作为圣山与世俗的交融之处，也作为重要的游径端点与休息场所。

4　台怀镇宗教游台活动的历史演变

台怀镇地处五台山佛教文化景观的核心地带，其格局演变历经了长期的历史进程，最能体现五台山宗教、社会、地理、文化、政治和经济多重因素的互动。因此对其进行研究能进一步细化五台山游台活动的分析结果，总结出更有代表性的结论。

4.1　台怀镇格局的演变

台怀镇处寺庙的出现可追溯至唐初，在五台山早期“十寺”系统的背景下，台怀镇的主体也是由“大寺”组成。作为由多个院落组成的群体建筑，“大寺”为台怀镇提供了大多数的功能性建筑，如住宿、礼佛和游历等。这些大寺不仅满足了宗教活动的需求，也为过往的朝圣者提供了必要的服务。而民居村落见诸史料的时间则并不早，这可能是因为早期五台山的运输能力和地形条件有限，多只有宗教人员居住于此。从早期的各种游记中都可以看到，此时在游径沿途提供食宿的并不是农村人家或是客栈，而是由官方或寺院设置的普通院和马铺。大华严寺作为台怀最具代表性的寺庙，就包含了住宿、礼佛和游历等多种功能。由于当时需求的缺失和环境的恶劣，民国以前的游记中几乎见不到关于当地村落的文字记录。然而，到了乾隆年间的《五台县志》中，就记载了台怀镇的“镇集”为“日集”，可以看出当时的台怀镇已有普通居民居住，且有集市满足镇民日常采购需求。这表明随着时代的发展，台怀镇逐渐形成了较为完整的社区结构。

明清时期，台怀镇寺庙群迎来了新的发展高峰。台怀镇不仅成为五台山地区的行政中心，原有的几座大寺也进行了拆分，独立成寺。例如，原来的大华严寺就被拆分为了塔院寺、显通寺和罗睺寺。这种拆分不仅扩大了寺庙的数量，也提升了台怀镇的整体宗教影响力。台怀镇的寺庙还被当地的府衙用作接待之处，例如文学家王思任在游玩五台山时，他的好友就在华严寺与他会面——“订晤在花园寺（华严寺）”。到了清朝，由于满蒙一体的民族政策，台怀镇的菩萨顶大文殊寺受到了特别的重视。台怀镇的寺庙在清朝再次兴盛起来，不仅有多座行宫修建在寺庙旁边，还有多座寺庙树立了御制碑文。从建造寺庙的财力物力来看，台怀镇寺庙群的规模在清代的发展可谓达到了顶峰。同一时期，台怀镇的民居村庄也快速发展起来。居住在这些村庄的大多数居民除了经商者就是寺庙的佃户，人员构成相对单一。村镇因此被划分为佃户和商人居住的不同部分，佃户的村落多簇拥在寺庙周围，明确分为几个区域；而商人的村落则集中在几条对外交通道路周围，在特定时段还会举办骡马集市。民国初期沌谷的日记中记载：“六月中，五台山向有骡马大会，四方贸易皆聚焉。”这表明当时四周山中的农民都会赶来贸易，人数相当可观。总之，明清时期的台怀镇不仅在宗教方面取得了显著成就，其社会经济也得到了全面发展。

从民国到现代，五台山的大部分村落发展迅速。许多村落开展了民宿业务，这对村落中的流动人口数量产生了较大影响。为了吸引更多游客，民宿商家通常将住宿房屋安排在道路两侧，但由于缺乏相应的停车场所，使得村落里的道路旁停满了车辆，台怀镇因此常常显得拥挤不堪，难以恢复原有的景观风貌。

4.2 台怀镇历代游径的变迁

围绕台怀镇的游径变化从游记记载者角度来看是十分清晰的。在唐朝与五代时期，台怀镇仅作为从东南方龙泉关和西南方大贤岭进入台山的歇脚处。大华严寺占据了台怀镇的很大一部分，同时也占据了五台台顶之下有重要意义的灵鹫峰——这一山峰的名字与释迦牟尼说法之处相同，以至于在早期文献中灵鹫峰与清凉山、清凉圣境一起成为五台山的代称。因此，涉及台怀镇的游径几乎都属于一天游径的起点或终点，同时其独特的地理位置也使其成为多个教派交流的场所。总之，这一时期台怀镇主要作为一个重要的中途休息点和宗教交流中心。

到了宋朝，由于其余单体寺庙建设的开展与山脚处寺院的增多，台怀镇的游径逐渐开始复杂化。游径从单独涉及大华严寺变为涉及多座山脚处的寺庙，同时也作为游台游径的开始或结束处而存在。这一时期的记载显示，此时已经有了拜五台的行为。显通寺内设立五座铜塔，游人信徒们在天气恶劣不便上山亲自朝礼时礼拜，作为游台的替代。在这种背景下，台怀镇的宗教气氛更加浓厚，吸引了很多信徒前来朝礼。例如，有游记记载："始见东台顶，感泪先流。"信徒们在到达台怀镇后会进行一系列的朝礼活动，如"先下马拜北台，遥拜西台、中台、南台，至于东台，隔山不见"[1]。因此，台怀镇不仅继续作为游径的出发点和落脚点，还成为多条朝礼游径的交会点，尤其是那些涉及灵鹫峰附近的大华严寺和其他重要寺庙的游径。总的来说，这一时期台怀镇的游径变得更加多样化和复杂。

到了明清时期，台怀镇上的寺庙在不断的大寺拆分与新建中变得多了起来，台怀镇的游径也变得更为复杂，几乎涉及游台时山脚区域沿线的所有寺庙。以清代游台路径为例，可以清晰地看出，台怀镇被分为了多块较为集中的游径区域：台怀镇灵鹫峰周围的慈福—大文殊—广宗—圆照—显通—罗睺—塔院寺这一区域；台怀镇入口处的南山—镇海—观海—白云寺一线；西台到南台路上的狮子窝—金阁寺—保安寺区域。这些路径在各个寺院之间错综复杂地分布，每个区域内的游径相互连接，而区域之间的游径则相对独立。这些路径虽然有明显的皇家背景，例如在进山路线上的台麓寺就有"进山门见架上撑一雄虎（康熙射虎川）"，但它们也进一步细化了台怀镇的区域划分。随着不同台顶所供奉的文殊形象逐渐明确，对应的山脚处寺庙也相继建立，从而产生了相应游访活动的游径。可见明清时期的台怀镇游径不仅数量增加，而且结构更加复杂，体现了宗教活动的繁荣和区域划分的精细化。

民国时期的游台访客们似乎更热心于台怀灵鹫峰周围和东台山脚下的游径。这可能是因为上台之路"惟山少树木以点缀风景"并不雅致，而灵鹫峰周围的大文殊—圆照—显通—罗睺—塔院寺游径则因其丰富的文化和宗教内涵而备受青睐。这条游径是这一时期最频繁被走过的道路，反映了这一时期游人对台怀镇核心区域的浓厚兴趣。

5 总结

中国作为历史悠久的文明古国，拥有丰富的历史遗产资源。山寺系统，作为宗教文化、世俗文化与风景文化的交汇点，构成了中国文化遗产中独特而重要的一环。五台山山寺作为这一系统的重要组成部分，其文化景观的游径设计不仅代表着对中国古老山寺系统历史文化景观的全面梳理，也代表着对五台山这一文化遗产保护区面临的新挑战与机遇的积极回应。

而将游径设计研究具体到台怀镇的个案上，不仅能够扩展研究视野，丰富研究内容，还能为五台山乃至其他佛教道教名山的风景名胜保护提供重要的参考价值。通过深入探讨这些个案，可以进一步丰富对佛道名山这一文化形态的学术研究。

五台山游径的研究不仅有助于深化我们对寺山景观及其发展历史的理解，促进汉藏佛教文化交流的学术探讨，而且对于全球文化遗产的保护与创新也具有重要的现实意义。它提供了一个价值评估与合理利用的实践案例，为在新的历史条件下对世界文化遗产进行保护与更新提供了新的可能性和思路。例如可以考虑结合新质生产力，通过现代信息技术构建五台山游径的数字档案，为不能前来的游客提供沉浸式体验；或是与其他国家和地区的世界文化遗产进行比较研究，探索全球文化遗产保护的最佳实践。本研究以山西省五台山的历史游径为例，旨在探讨交旅融合背景下历史游径的演变，进一步完善五台山游径的保护与利用策略，为世界文化遗产的可持续发展提供策略和方法。

参考文献

[1] 古清凉传·广清凉传·续清凉传［M］. 陈扬炯，冯巧英，校注. 太原：山西人民出版社，2013.

[2] 嘉木扬·凯朝. 蒙古人与五台山文殊信仰［J］. 五台山研究，2016（4）：38–44.

[3] 圆仁. 入唐求法巡礼行记校注［M］. 石家庄：花山文艺出版社，1992.

[4] 雨宫久美. 日本人の死生観 浄土思想と五臺山文殊信仰［J］. 日语教育

与日本学研究，2018（00）：157-163.
［5］山口修.「奝然入宋求法巡礼行並瑞像造立記」考［J］.佛教大学仏教学会紀要，1993，1：1-38.
［6］成寻.新校参天台五台山记［M］.王丽萍，校点.上海：上海古籍出版社，2009.
［7］崔正森.五台山游记选注［M］.太原：山西人民出版社，1989.